— Make money with your phone —

全民手机赚钱宝典

精装
典藏版

放牛哥◎著

五洲传播出版社
China Intercontinental Press

图书在版编目（CIP）数据

粉刷匠 : 全民手机赚钱宝典 / 放牛哥编著. -- 北京 : 五洲传播出版社, 2016.10
ISBN 978-7-5085-3511-1

Ⅰ.①粉… Ⅱ.①放… Ⅲ.①网络营销 Ⅳ.①F713.365.2

中国版本图书馆CIP数据核字(2016)第200920号

策　　划：王　茹		责任校对：陈婧岩	
责任编辑：黄金敏		封面设计：刘志华	

出版发行：五洲传播出版社　　　　　　电　话：010-82005927
地　　址：北京市北三环中路生产力大厦B座6层
网　　址：http://www.cicc.org.cn　　　邮　编：100088

印　　刷：北京华联印刷有限公司　　　　邮　编：100176
督　　印：北京三羌文化传媒有限公司

710×1000 1/16　　　　　　　　16.75印张　　200千字
2016年11月第1版　　　　　　　2016年11月第1次印刷
　　　　　　　　　　　　　　　　　　定价：100.00元

序 1　创业者最愁什么？

很多人，看不起简单的事情。

尤其是把简单的事情和创业联系到一起，如果在创业之前先讲述一个有关洗碗的故事，我想大部分人的第一反应就是不屑。

创业是很高大上的啊，你不要拿洗碗这么低端的活儿来低估我们的情怀嘛！

是的，创业是很高大上，不是一般人能干的，不过现在时代不同了，尤其是在大众创业、万众创新的大潮中，创业早已开启了平民模式。

我是一个创业老兵，在大二时就已经开始创业了。从毕业到现在已经有 9 年时间，在这 9 年时间里，我去过上市公司，也去过创业公司，最后才自己创业。

刚来北京的时候，我不敢创业。

你想想，一个陌生的城市，你什么都没有，没有钱、没有人脉关系、没有经验，甚至都不知道做什么业务，怎么创业？

新人，新环境，只有恐惧和没头绪。

当时是 2008 年，互联网创业如火如荼，作为一个不学无术的理科生，我在技术面前低下了头，那个时候，如果会编程、会建网站，是件很牛很让人崇拜的事情。

在互联网时代，如果你懂技术，就如同拥有一张门禁卡，可以在创业的大门自由出入。

而我，在那个时代，是痛苦的，因为我不会搞技术、不会弄程序、不会搭建服务器。只能靠下载一些源码，利用 FTP 做一些简单上传的事情。

网上的源码后门一堆，没准哪天网站就挂掉了，因为天天担心自己的网站被黑，而且那个时候网络创意层出不穷，每天的新模式怎么都追不完。

不懂技术，天天追新潮的网络模式，累，带着希望和恐惧前行，结果可想而知！

也许有人会说了，你请个技术不就完了吗？

你不知道，创业者刚开始的时候，是没钱的。除了没钱，更要命的是互联网的免费思维一直指导着我，别的不会，就认免费，明明花小钱可以搞定的东西，可我就是舍不得花钱，不仅我，98% 的互联网创业者都在渴望获得免费源码，而且是极品源码，连 50 元一套的漂亮模板都舍不得买，现在回想起来，那种想法，真的很傻！

要说砸钱，那是获得投资的公司才能干的奢侈事情。屌丝从来没有砸钱的思维，很多都是个人站长。花钱请技术、有独立的服务器，小微创业者想都不敢想的。

这么多年过来了，看到 PC 互联网一个一个机会被占，留给我们的口子越来越少，我还是欣慰的。

为什么呢？因为不会呀，因为害怕呀，因为那不是我的战场呀！

而很多人，就和我一样，也是对网络不懂、不会，吓得不敢在网络上创业。

创业者要在实体中创业吗？可是过去 10 年，又是互联网剿杀传统行业最厉害的 10 年。

很多传统生意都被网络颠覆了，信息差没有了，利润没有了，生存很难。

直到今天，网络购物冲击实体店，还在拿低价、打折与实体店竞争，虽然他们很多都不赚钱，但问题是他们有钱烧。

而这一切都和我没什么关系，某宝不是我的，某东也不是我的。

我是错过了网站时代，又错过了网店时代，而恰恰是错过了，才会让我重新认识并且喜欢当下正火的移动互联网时代。

有一次在太白山的游学活动中，我问同行的伙伴一个问题，其实是他先问我的，他说你微商做得不错，我笑了笑，不谦虚地承认：是的。然后我反过来问他做什么，他说做淘宝，我又问他为什么不做微商，他说没看得起微商，现在很后悔！

他当时做淘宝，3 年也赚了百万呢，可是现在越来越不好做，都没有什么收入了，因为迷茫，所以来参加太白山的游学活动。

我讲这件事的意思是：**对于什么都不懂还想创业的人，眼下，机会真的来了！**

开实体店，我们没钱，现在实体店受网络冲击严重，苦不堪言，我们也就没有必要去冒险了。

对于网络，我们不懂技术，又舍不得投入，坐失良机，后悔莫及，唯一值得欣慰的就是，上面的两种人，现在都不太好过。

这不是幸灾乐祸，而是对于创业嫩芽在心里埋藏多年、无比苦逼走投无路的我们直接被逼上了移动互联网大风口的感慨。

这就是微商时代！

没人能想到微商在最近两三年中发展得如此迅猛。

没人能想到微商从业者在 1 年时间就做出传统行业几年甚至是几十年才能达到的成绩。

也没人能想到，微商对电商的冲击如此之大，搞得淘宝店主不得不想办法把客户加到微信里来。

没有钱，没有技术，不会网络营销，没有时间天天守着电脑，请不起员工，租不起豪华的写字楼，想创业的光杆司令们，要开始咆哮了，而你准备好了吗？

这就是移动互联网时代，拿着手机创业的时代，成立一年的公司就可以做到年销售额 10 亿的时代，过程不起眼，被忽视，但是结果牛到让听了的人都吃惊到掉下巴的时代。

我们一穷二白的创业者，甚至是在那些山沟沟、山岔岔，各种穷乡僻壤的创业者，各种错过又不认命的创业者们，真的可以大干一场了！

序2　像学会洗碗一样学会创业

我的创业导师——秦刚老师，远在加拿大，有一天，他给我发了几张图片和几行字，让我深受启发。

我接触微商行业较早，微商传媒在行业内有一定的影响力，我本人也有不少粉丝，但是有一个事情，我们没有做好，是什么事情呢？

那就是如何教会别人"洗碗"。

先来看下秦刚老师给我发的图和讲的话，我截图给大家。

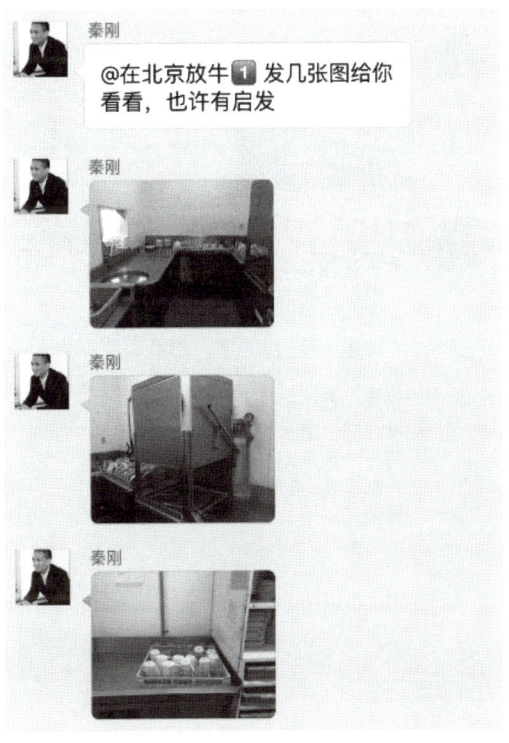

秦刚

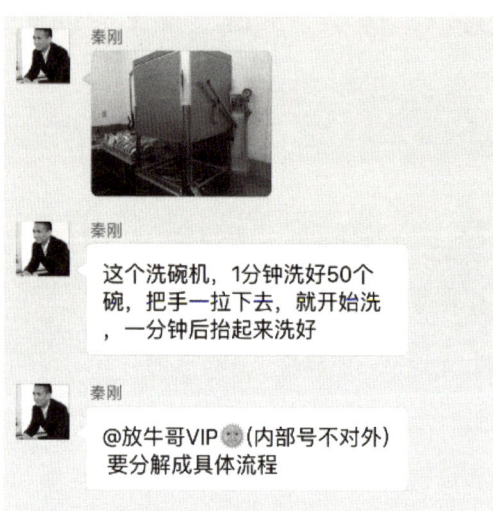

秦刚

这个洗碗机，1分钟洗好50个碗，把手一拉下去，就开始洗，一分钟后抬起来洗好

秦刚

@放牛哥VIP😊（内部号不对外）要分解成具体流程

秦刚

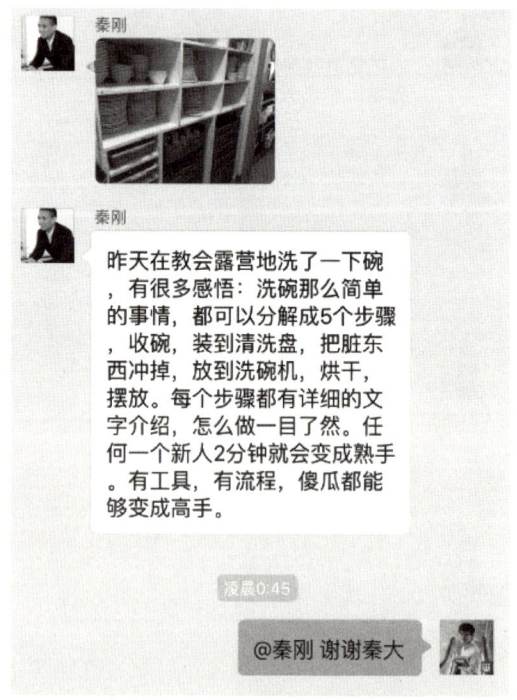

秦刚

昨天在教会露营地洗了一下碗，有很多感悟：洗碗那么简单的事情，都可以分解成5个步骤，收碗，装到清洗盘，把脏东西冲掉，放到洗碗机，烘干，摆放。每个步骤都有详细的文字介绍，怎么做一目了然。任何一个新人2分钟就会变成熟手。有工具，有流程，傻瓜都能够变成高手。

凌晨0:45

@秦刚 谢谢秦大

你看出什么了吗？

这就是说，在国外做事情，都是有规矩的，哪怕是洗碗这么小的事情，都会给你讲得很清楚。

这点对我的启发太大了。

中国人最大的毛病是，看不起小事，总想做轰轰烈烈的事情，至少我是这样的，看不起小的细节，也不愿意去深入研究很小的点，总是觉得那样不够高端，太小家子气，爱整高大上，爱整别人看不懂的才觉得自己与众不同。我不得不承认，这样是错的。

作为创业者，每个人入行的时间、背景不尽相同，有很多东西，你知道了，他不一定知道，你认为很简单的事情，他也不一定会。

举个最简单的例子，在微信群里，"@所有人"这件事，我有很多朋友想当然地认为，只要输入"@所有人"，就一定会提醒所有人查看。这是不对的，只有微信群主"@所有人"才能让全群的成员收到提醒，其他人"@所有人"是没用的。

这个小细节说明，每个人都有盲区。不管是大咖还是普通创业者，大家都应该本着相互学习的态度，把自己知道的东西分享出来，不管是大还是小，因为总有人不知道。只要分享，就有价值！

也正是在这样的理念下，我们决定出一本书，**一本微商界的教科书，手把手教你实际操作，让你知道微商怎么做，不要用恐惧的心态面对微商，就算是小白，什么都不会，只要认识中国字，我就可以教会你做微商！**

因为，做微商比洗碗还简单！

由于洗碗变成了流程化的东西，分解了里面的步骤，又做了详细说明，所以每个新手都可以在两分钟内成为高手，我不能承诺你在两分钟内成为微商高手，但是我可以让你明白微商的前世今生，让你不再对新鲜事物产生恐惧，让你有信心拥抱移动互联网，并且能做好微商使生活更精彩！

这是我的初衷，也是这本书的目的！

网络营销专家王通老师有句名言：复杂的事没好事，复杂的人没好人。

我想说，我很认同这句话。

我们愿意用最详尽的步骤、最通俗易懂的语言，让你在最短的时间内成为微商高手，因为微商这个行业群，本来就拥有广泛的群众基础，整太难的，一定是曲高和寡。让老百姓能看懂，写到他心里去的，才是一本好书！

一定不要看不起洗碗！

一定不要嫌洗碗这件事太小，而丢给对方四个字：好好感悟！

若你这样省略下去，结果就是第一，别人感悟不出来；第二，他也一定会觉得跟你混学不到东西。

最好的老师，一定会把 N 个类似洗碗这种小事分解开，讲明白！

最后的结果是：学生整懂了，学会了，同时，老师也成为大师了，这个大师不是自封的，而是因为学生会了，他们帮老师做了口碑传播！

如果有一天，别人说一句：放牛哥教得不错，《粉刷匠：全民手机赚钱宝典》那本书，真的可以让你看明白，能上手实际操作，而且可以赚到钱，我就心满意足了。

我非常愿意做微商界那个教别人洗碗的人！

第三章
粉刷匠的必修课

第四章
粉刷匠的进阶训练

第五章

揭秘：微商传媒打造爆款的核心策略

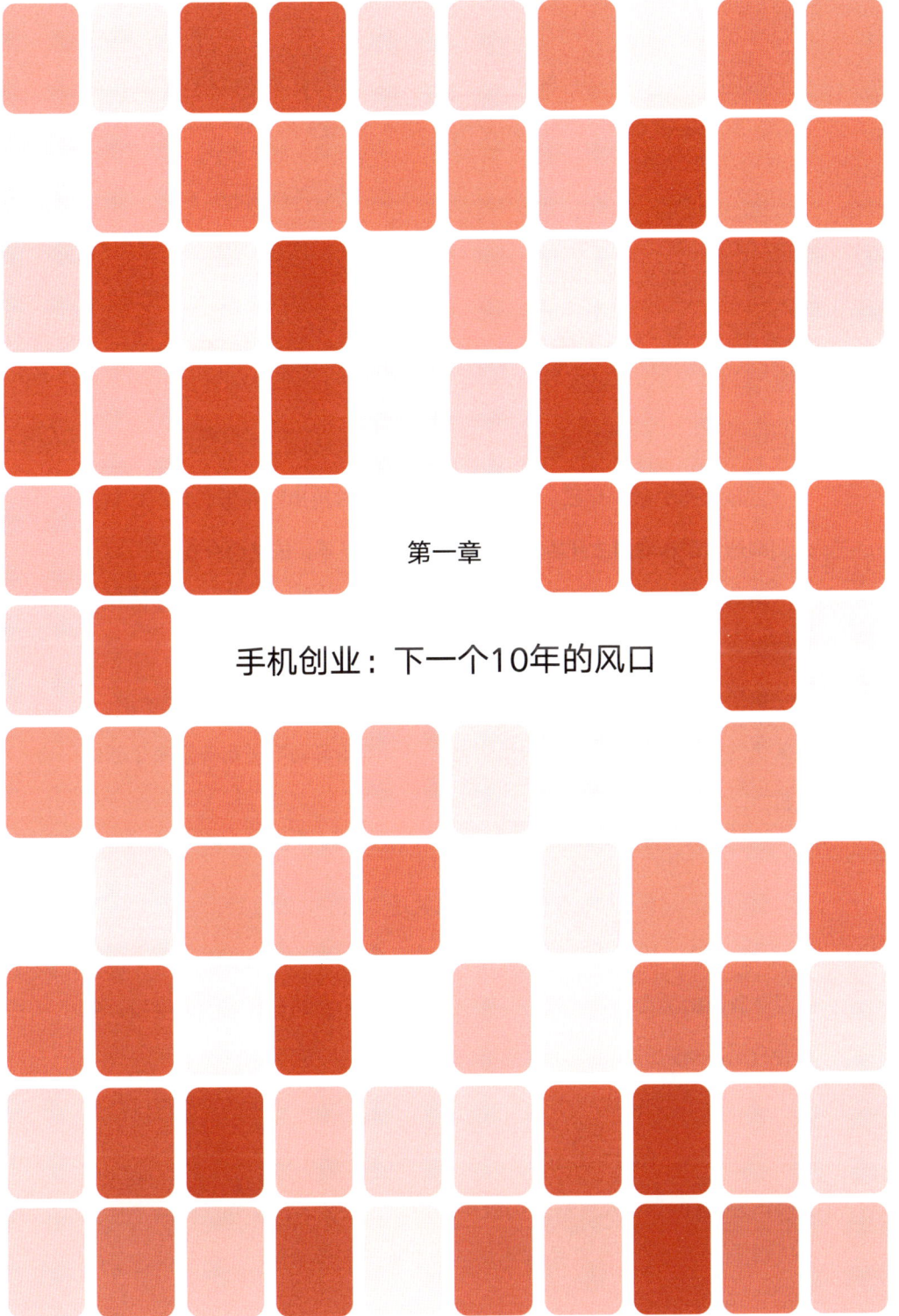

第一章

手机创业：下一个10年的风口

第一节 | PC(个人电脑)互联网创业,不是趋势而且也难!

　　世界上的生意,有三个模式:**第一个就是传统地面开店,几千年来,人们都是习惯在地面上开店,这个模式再过若干年,依然会存在。**

　　第二个模式就是空中开店,借助 PC 互联网,敲敲键盘,动动鼠标,就能卖货、卖服务、卖广告赚钱。

　　第三个模式就是把生意做到人们的手机上,因为手机操作系统的统一、智能机的大面积普及、移动网络带宽的增大都给移动电子商务带来了新的契机。

　　我们先来说说 PC 互联网创业,也就是"空中的战场"。

　　几千年来,人们一直习惯在地面打仗,突然有一天,可以上天了,那就意味着新的机会出现。先下手为强,你去一个新的未开发的环境里,势必会有很多领先别人的竞争优势。

　　这就好比你去月球一样,如果你现在有能力去月球生活,你可以自封月球球长,因为我们都去不了,你去了,就是你说了算。

　　PC 互联网在十几年前真的好比是月球,很多人没有登月机器,有一些人有了,上去了,然后安营扎寨活了下来。我在序言中,已经讲述了一些我在 PC 互联网创业时代的感受。

人们之所以谈论 PC 互联网，是因为他先进了，而且也产生了很多很多富豪。这些富豪整天被媒体报道、放大，给我们这些未曾进入网络世界的人带来了无限的憧憬和渴望。

十几年过去了，如今，再谈到 PC 互联网，好像已经是一个很传统、很古老的行业，创业者的激情也衰减了不少。

如果你还没有踏入 PC 互联网，我建议你，只可打开电脑，当一个好的用户，想创业，想有一番作为就不要想了，除非你是某财团派来的天才！

如果你踏入了 PC 互联网，还不能站稳脚跟，我想，你自己就会退出来，去另谋出路的，根本不用别人逼你退出。

其实我就是属于后者。不仅我，很多当年的毛头小子，现在都已经是大叔了，PC 互联网承载了我们这一代年轻人的梦想，可惜的是，梦都支离破碎了，没有多少人能成功，不是没努力，而是因为竞争太大，需要的条件太高、人多，我们普通人根本就驾驭不了。

在 PC 互联网上面，你可以去看看，该有的都有了，你能想到的形式或服务，在每个领域都有佼佼者牢牢占据着，再也不能靠创意、靠模式，去将他们颠覆。

举个最简单的例子，搜索引擎——百度，你颠覆一下试试看？

再举个简单例子，免费杀毒、安全方面，你把 360 颠覆一下试试看？

即时通信，你把 QQ 颠覆一下试试？网络购物你把淘宝、天猫、京东颠覆一下试试？

PC 互联网只是少数英雄的舞台，和我们凡人关系不大，我们都在为他们贡献注意力，我们在互联网上所用的每项服务，包括免费的都在为他们创造价值。

PC 互联网是一个典型的中心化模式来运作，普通人创业，想在 PC 互联网上干点啥，太难太难了，因为 PC 互联网该有的全有，创意、资金、运营，都有比我们更好的、更有实力的团队。

所以，PC 互联网哪怕是一个细分领域的主角，都轮不到我们。

也许，可以轮到你，但是一定轮不到我，我必须去开辟新的战场。

而这个新的战场就是移动互联网，属于上面我说的第三个战场。

在 PC 互联网时代，最初的时候，网址导航比较火，我搞了，没搞起来，我的网址导航，没有人访问。

在 PC 互联网时代，曾经出现过短暂的 Web2.0 时代，我搞了一个 digg 模式的网站，新鲜一阵也很快倒了。

在 PC 互联网时代，我在淘宝刚成立时就注册了，然后因为看不懂看不起，一直废弃，等于没运营就挂了。

在 PC 互联网时代，我看到我的老东家 58 同城发展不错，我也去搞了一个分类信息网站，结果也死了。

在 PC 互联网时代，我看 SEO 很赚钱，然后我去搞了很多年，靠优化业务赚了点钱，但是越到后来越难做，基本上是做不下去了，百度天天改算法，搞得我们苦不堪言，天天看百度脸色吃饭，于是，也渐渐放弃了，因为被折磨得累了、够了、厌倦了。

在 PC 互联网时代，看到网络购物火，不死心的我于 2008 年又重新开启了网店模式，做过汽车导航仪、手工巧克力等项目，因为运营能力不足，失败了。

在 PC 互联网时代，想做百度竞价广告，但是由于我所在的行业，每次点击就要 40 块人民币，含着泪，咬咬牙，算了，我不做了，对于创业公司，没有投资，一天烧进去 4000 块。

在 PC 互联网时代，域名投资很火，可是因为当时连 500 块的 4 位 com 域名都舍不得买，被免费思想坑得什么都不想花钱，好好的机会愣是眼睁睁看着流逝。

在 PC 互联网时代，网络营销、群发软件很火，可是好景不长，技术不断升级迭代，群发出去越来越没有效果。

在 PC 互联网时代，外贸很火很暴利，可惜英文没有学好，看不懂，不敢弄。

在 PC 互联网时代，网络赚钱很诱人，一次次尝试，结果骗多赚少，花钱买了不少教训，最后总结成一句话，这些基本都是骗人的，不用试了。

十几年时间，一边看一边干，追得很累，却没有任何积累。想当年很多领域都没有成型，机会还有，可是我却做不起来，如今这些机会都被别人公司占有，在这样的条件下，我们再去竞争，敢问，有多少人能确保成功？

传统行业，地面开店经营，虽然每天用户的流量不大，但是由于同地域竞争也小，所以还勉强凑合过。

但是 PC 互联网，信息透明，一搜便知全网，外加免费思想指导，操作起来真的很难，赚用户钱着实不易！

我是一个 PC 互联网时代的失败者，这在过去我根本不敢说，但是如今，不再害怕，因为新的战场已经找到，因为 PC 时代正在老去，历史的车轮总是要滚滚向前，当下才是我们最好的时代！

不是你不对，是时代不对。移动互联网时代，首先是去中心化，每个人都是中心，每个人都有机会。而 PC 互联网时代，流量始终掌握在少数人手里，而且他们搭建的地盘，根本没有别人玩耍的权利。

让 PC 互联网成为传统行业，是社会的进步，也是更多人希望的开始！

第二节　移动互联网正在拯救实体店主

实体店是创业 1.0 模式，电商是创业 2.0 模式，微商是创业 3.0 模式。自从有了互联网，传统生意就被电商给干惨了。

人们喜欢在网上买东西，其实就是为了 3 个字：占便宜！要么低价格，要么有赠品，有时间还可多砍价，会砍价也能省下不少钱。

价格战这种东西就和扔炸弹差不多，杀伤力极强，电商最爱用，每次都好使，传统商家哪能干得过呢？

传统生意人，都是小本生意，要吃饭要养家，不赚钱不行，赚钱少了也不行。

但是电商巨头们不怕，因为有投资跟着，财大气粗，有钱烧，一到促销，广告就铺天盖地，各种各样的购物节让人眼花缭乱，京东是 6.18 大促，这个日子因为正处在夏季，人们都是懒洋洋的，不想买东西，虽然京东是想避开淘宝的双 11，但是天时被淘宝占尽，淘宝双 11 和双 12 设计得极为巧妙，快过年了，圣诞、元旦、年底，辛苦一年了，每个人都想放松一回，那就是狂花钱犒劳自己，可 6.18 没有这个效果。

而且马云出手比较狠，在我看来就是很会玩，明明一个购物节就够了，双 11 就不错，他又接着整了个双 12，把漏网之鱼又打捞一遍，这样一弄，你说他交易额能小吗？

实体店会什么？

实体店的思维就是我东西一摆，你需要就来买，从不思考营销，从不考虑与时俱进。

这其实是店主的问题。实体店的创业模式，被认为是最简单的模式，租个房子，进点货，各种小店就开起来了。在传统的世界里个人创业一般都会考虑开店，大与小放一边，这是一个人人都能想到的创业项目。

其实在过去的十几年里，人们已经具备网络条件了，但是为什么还要去开实体店呢？

第一，不懂互联网，总觉得很难，不敢接触。

第二，觉得实体踏实，虚拟经济在他们看来都不是生意，思维没有转过弯来。

但是创业 3.0 模式——移动互联网、移动电商就完全不一样了。

人人拿个手机，所有人都在玩，包括店主也在玩，店里没人进来，都是低头玩手机。

电脑信息量太大，这其实不好，容易把人吓着；手机好，信息量少，一看就懂了，反而更受人青睐。

尤其是超级 APP 微信的推出，它简单明了，鼓捣鼓捣都会了，让不懂互联网的人玩过之后都很有成就感，如果你告诉他，微信就是移动互联网，微商就是移动电子商务，他就更开心了，为什么？

因为自己终于和最先进的事物接轨了，多么不容易，十几年总算熬过来了。

称动互联网简单、方便，打击了信息量大、让人头痛的传统 PC 互联网。

那为什么说移动互联网正在拯救实体店主呢？

因为和实体店竞争的就是网购，网购最大的平台，就是淘宝和天猫。腾讯在 PC 端的电商一直没有做好，这是硬伤，所以它一直在找机会翻盘，这是两大巨头之间的竞争。

A 和 B 是对手，B 和 C 是对手，导致 C 和 A 是好朋友，移动互联网帮助实体店来搞微商和电商竞争，对于 A、C 来说是很提气的一件事，这是从情感基础上说，移动互联网更愿意帮实体店。

实体店自己也很争气，因为微商这个模式，是一点就透、一看就懂的"傻瓜式"模式。

如果你在朋友圈看到别人发广告，你是不是已经明白了，哦，他就是微商！

所以，关于移动互联网电子商务，移动电商最后基本上就是微商来代表了。微商一看就会，势必会有很多人要尝试，尝试完了，还真有效果，那就一发不可收拾了。

微商有效果，要感谢微信这个好工具。

如果店主把每个进店的人都加到自己的微信好友里，那么，即便是客人不在店里，依然可以远程受到影响。我们拿童装店来举例子。

没有微信，只能等人来店里选款。

有了微信，就可以把款式发到朋友圈，供好友在远程翻阅、浏览、选款，看到满意的，客人还可以询价，看中以后，双方谈好价格，就成交了。或是微信转账，或是送货上门再给钱，都可以，付款方式不重要，重要的是微信在帮助店主卖货成交，在帮助店主赚钱。

这个交易意义就太大了，既简单又可复制。

说完就会，干了就有效果，不需要技术，聊天和支付都在手机上完成，没准你上个洗手间都可以聊成一笔生意。

看到这里，我想每个店主都很想尝试一下，把自己的生意、自己卖的产品或是服务，拿到微信朋友圈来展示，不仅有趣，还可赚钱，更重要的是方便了客户，形成黏度，屏蔽竞争，提升盈利，这是一个让所有店主都无法拒绝的展示生意的机会。

其实，大家早就这么干了，在我说之前，都在这么干，这是用户做出的选择，任何个人在主观上强行阻止，都是不行的，微商的大趋势已经到来，这么低的门槛，你不想跟上都难！

原本一直唱衰的实体经济，这下在移动互联网风口下，是完全可以胜出的。简单快速帮到你，不玩虚的，关键是没成本，又放大了效果，你说还有比这个更好的吗？

我有很多实体店朋友，他们在微信上的成交，已经快达到成交总额的一半了，线下引流，加上好友，线上朋友圈吸引，有空就和客户聊天，把每个客户变成你的终身客户，那就爽歪歪了！

第三节　囤货洗脑式微商为啥屡遭人们唾弃

囤货这事对吗？对错你要看时代。

在古代，三妻四妾不违法，因为有皇上带头，只要你有实力，就没有问题。

但是现在你还那样，就算是双方自愿，就算是不公开，你也已经违背社会主义道德了，要我说，你就是违法的，你有损其他男人的利益啊！

囤货也一样，在过去的时代是合法的。

因为实体经济下，你不囤货，就没有东西可以卖，销售都是靠店面的，客人来买东西，你说"没有货，你把地址给我，我快递给你"，那人家当场就会被气蒙。

但是做网络生意，赚钱靠的是信息差，不是必须有货才可以做生意，明明没货你也可以装成有货的样子，有图片就是有货，有订单了，厂家发货，完全没有欺骗客户，还减少了物流成本，高效快速，挺好！

但囤货模式中，一旦囤了，卖不掉的就砸你手里了，这有损你的利益，就不太好了。

微商，其实就是移动电子商务，电商合法，微商就合法，只是微商在初期，被囤货模式害惨了，导致很多人对微商产生误解，看不起微商，屏蔽微商，等等。

其实微商本身是无辜的，是一种正常的商业模式，如果被用歪了，肯定就不受人们待见。

人们为什么那么痛恨囤货呢？还把囤货说成传销，把微商说成搞传销，这里我们来分析一下根源吧。

首先，不良商家为了追求短期利益，为了赚快钱，他们要求你囤货。

你不囤货，他没有钱去生产，他收了你的钱，再去生产，从他的角度说，非常稳妥，不会生产完了卖不掉。人都是以自我为中心，他这样做，就是要找到资金，把生意运转起来，同时达到没有生产就已经销售出去的效果。

你相信了他的话，你觉得不囤货，没有货可以卖，没有货，就没有办法收下级代理的钱，同时你也很贪，你愿意一次投入很多钱，获得很低廉的价格，然后继续招商，往下一级操作。

到你这里，你的主要工作，还是招商，找代理。你的代理还是重复你这一套，继续招商找代理，所以大家看到的微商都是在招代理，没有人好好卖货。

此时的货，只是一种道具，你们赚钱就是靠卖一个赚钱的机会。

很多人信了，觉得是个机会，就买单，就代理了，然后继续找代理，一层一层招下去。

这个时候，外人看到的，就是你搞传销了，因为你层级多，一层一层不间断，你在贩卖赚钱机会，同时伴随大量洗脑的鸡汤，还有一堆假钱道具扔来扔去，表现出很好赚钱的样子。

其实，你们的表演，害了微商这么一个美好的行业。

拿货的人，卖不掉货品，自己就会很痛恨微商，怪自己怎么这么不小心，上当被骗了。

这之后看朋友圈的人，不适应、不舒服，你们整天秀来秀去，非常浮躁、低端，而且不太诚信，干脆屏蔽你们，也因此在心中给微商打上传销的烙印。

因为大家对微商有偏见，你们的同行，好好做微商的，也受到了牵连。

他们也会痛恨洗脑囤货招代理毁了自己的形象，让自己低人一等，生意不再好做。

在发展初期，任何事物都是不完美的，但是如今，微商已经发展了两三年，囤货制伤害了想创业的小白，伤害了用户浏览朋友圈的体验，那么囤货这件事，还要不要做了？

我觉得囤货制，在当下这个环境，就应该彻底结束！

因为一个好的产品厂商，他不缺钱，不需要通过提前收代理来找到钱，再去搞生产。

现在的中国，产能严重过剩。那么多的生产制造企业，有实力的企业很多很多。这些企业迫切需要拥抱移动互联网，迫切需要建立微商营销渠道，可是，传销、囤货、洗脑等负面词汇，把微商抹黑，让他们觉得微商气场不够，搞微商会拉低自己公司的档次，所以，一直观望，但是心中盼好！

同时有实力的企业，也不缺钱，不急于赚钱，一个新的渠道，他们是有耐心去培养的。

有实力的企业，之所以能做得好，一定是对待别人好的企业，别人认可他，愿意说他好，所以在长期的竞争中，他才能生存下来，发展壮大！

这样的企业，不会坑人。

当他想到，囤货有可能卖不掉，会给你带来困惑和损失，他就不会这么做。他愿意提供一件代发，使商品由厂家直达消费者。

微商最大的机会，不是产品的机会，而是渠道的机会。

很多人不明白，总觉得有了产品，就有了一切。

其实这完全是错误的，世界上根本就不缺好产品。

我们看到的淘宝也好、京东也好，它们什么都不生产，只是经营一个售卖的渠道，能理解吧，电商，成就的是平台，不是成就你的某个产品，你产品再好，做得再大，也大不过平台。

微商之所以被唾弃，被人看不起，不是微商本身的错，而是从事微商的人，目前只是停留在初期阶段，就和互联网初期一样，存在很多非法内容，但是现在的互联网，已经好很多了。

微商接下来，一定会朝着正规化的路子发展。

你再想靠洗脑囤货，基本不灵了，囤过一次货的人，不会再囤第二次。

虽然人人都想创业，但并不是人人都可以成功，在微商的创业者中，很多人是不专业的、没有经验的，他们失败的概率很大，如果不囤货，他顶多是卖不动没有赚到钱。但是囤货了，他就是卖不动，手里压了一堆货无法消化，而他们囤的货，大部分都不是什么大厂生产的，我已经说了，大厂有实力，不需要那么做。

这样说来，微商变成试验田，囤货与否变成了试金石。

没人愿意囤货了，那些收不到钱无法开工的项目，自然也就做不下去了，行业少了浑水摸鱼的，自然就正规了。

项目正规了，那些大企业自然愿意参与，他们参与进来以后，对于创业者来说，有了靠谱的产品，大家也愿意卖了，同时没有风险，卖货的人也会很多。这个时候买家再逛朋友圈，觉得可以很方便地买到好产品，价格并不比电商贵，甚至比电商平台还要便宜，于是也敢买，也开心了，不再瞧不起微商，还要感谢卖货的人，是这些人让他很省心地买到放心的产品，同时没有被黑！

这个时候，才是微商真正开始的时候！

第四节　微信开启了让好人赚钱的时代

好人是什么概念呢？其实就是对一个人最基本的要求，比如有诚信，比如有服务意识，能为客户着想，不坑不骗，就算是好人了。咱们不能要求一个人过于完美，只要能做到上面这些，给你的感觉就会很好，就会觉得遇到好人了。

传统社会还好，很多交易是面对面完成的。但是互联网发展了十几年，这种虚拟的环境，让人性暴露得很彻底，反正网名是虚的、照片是假的、很多男的装成女的，像我这么老实本分的人，都同时挂 10 个 QQ 在电脑上，除了一个私人号长期隐身以外，所有的业务号，都用来扮演女性，有的装成客服，有的装成业务经理。

这种角色扮演很奏效，既拉近了与客户的距离，又显得公司人很多，对业务成交的影响是立竿见影的。

当初我是做 400 电话业务的代理，一般办理 400 电话的人，都是小老板，这些男人喜欢撩妹，有的还找我要靓照，为了真实，我一般都是在网上找一套生活照，看起来比较美的，这样比较有想象空间，其实他们根本不知道网络的背后是个男人在陪着他们。

总之，互联网这种形式，催生了很多乱象，尤其是互联网初期，人们疯狂地投机，疯狂地在网络上做着各种骗人的勾当。

这其实是无法避免的，很多事物发展的初期都很混乱，然后才一点点规范的。但是网民太多，信息又是开放的，不管怎么说，你都面临着以欺骗为目的的诱惑。而人很难抵抗住诱惑，所以在互联网上，骗子一直存在，而且花样繁多，有些虽然不是职业骗子，但是卖完东西不管，或是服务不好的，也常有发生。

我这十几年做的就是互联网生意，靠的就是网络吃饭。但是不管作为卖家还是买家，都有很多痛点。

我是卖家的时候，生意很难做，客户不信赖，用各种方式来验证你，有很多奇葩的要求让人哭笑不得。还是拿我以前的业务来举例子，我们是中国联通的 400 电话代理商，但是在 08 年的时候，这个业务可以说是开展得太早了，很多人不信。

他们觉得联通的业务，应该去联通，不应该由第三方公司来做，这个时候就会找我们要授权。

我们发了授权，又会找我们要公司执照、税务登记证、组织机构代码等等。

这些资料要完了，还要个人身份证、公司的传真、公司的座机，有的还要和你视频，看看公司环境和规模，等等。

每天我都感觉自己在被客户压迫一样，苦不堪言，你若不配合，那更没办法成交了。

后来我就想了一招，专拿礼品诱惑人，这个方法效果不错，让业务有时候成交很顺畅，这个时候，客户的焦点不再是怎么考察你，而是在想：我要哪个礼品?

有时候,我们很不愿意那么做,但是为了公司不倒,被逼无奈,都那么做,可以说作为卖家,我们一直在痛苦中度过,能赚钱,但是不开心。

作为买家呢?这些年凡是涉及消费的时候,能网上买的,我绝不去线下买,因为自己是个很懒的人,觉得线下麻烦,北京太大,出行太难,为了节省时间和精力,宁愿花钱走快递。在和卖家的沟通过程中,有很多很多问题,卖家承诺的做不到,非常伤害体验,有时候在想,生意明明可以好好做,他们干吗要这样,无法理解。

作为消费者来讲,其实是有一定的忠诚度的,如果第一次买得好,相处得愉快,第二次完全可以再来,甚至可以介绍客户,这样减少了选择的成本呀,你想想,让我们重新去选择一个东西,是不是还要考察一遍,时间和精力的投入,都是成本,而且可能还要冒险。

人都是很懒的嘛,你整靠谱了,我们就不愿意费事了,这很好理解,也是很合理的需求。

但是互联网人没有这种意识,大部分卖家都是拿产品思维来做生意,你给我钱,我给你产品满足需求,交易完拉倒。很少有人会以用户思维作为指导思想,认真服务好每个客户。

其实每个客户的终身价值是很大的,如果你能锁定他一生,那你的钱,真的赚不完,而且很轻松,还可以屏蔽竞争。

很多的营销大师,已经提出过用户思维,也在用户思维上做了一些探索和实践,但是我认为,互联网时代你去玩用户思维,很累。

为什么很累呢?

因为互联网是个信息的海洋，用户是喜欢猎奇的，众多的信息刺激着他，他的忠诚度没有了。你本来一个老婆生活得好好的，可是每天有大量的美女刺激你，你会不会受到影响呢？这是环境造成的。

还有一点，就是工具问题，互联网的信息沟通工具有即时通信工具和邮件等。即时通信这块 QQ 一家独大，但是 QQ 功能又太多，看起来眼晕，用户喜欢简单明了一些的，这个微信做到了。

另外邮件这种东西，外国人喜欢，为啥呢？因为他们不着急，发达国家，做事不紧不慢，他们更喜欢延时通信，用邮箱服务。但是中国人觉得邮箱很麻烦，发的人害怕收的人不能及时看到，也就不发了，收的人觉得每次都要登录邮箱查看有没有信息太麻烦也就懒得看了。

还有一点，就是邮件群发被用得泛滥了，垃圾邮件成灾，也是人们不愿意用邮件作为维系关系工具的一个重要原因。

环境和工具，让人们无法在传统的 PC 互联网上来实施用户思维这一招。

但是在移动互联网上，在微信上，恰好轻松实现了用户思维，而且用户用起来很爽。

微信最大的特点是简洁，没有花哨的功能。可以用文字，可以用语音，可以用视频，可以支付，可以发送位置，还可以很方便地扫码，可以容纳 5000 个好友，还有朋友圈展示功能。

这么一个小工具，已经非常神奇地把我们需要的东西全都实现。

在环境上，微信相对封闭，让我们免受大量信息流侵扰。

如果我们把客户都装到微信里，动不动点赞、评论、多多互动，还可以发朋友圈展示自己，那么基本上做到了用户思维、精准营销。

你经常和客户在微信上互动，没有像打电话、发短信一样让人反感，打电话发短信势利性强，你作为销售，给我打电话，发短信，我就害怕，因为我害怕你推销。但是你用微信互动，我就开心，我觉得你在关注我，这里有一个很重要的角色互换的原因。

也就是说，销售员去给客户捧场，客户开心，同时销售员也增加了曝光率，给用户带来了高频刺激，这样一定会拉近彼此关系，因为这种形式双方都好接受，目的性不强，轻松不累没压力，所以不会反感。

微信的信息都是很真实的，你会发现，很多人都是用真名字、真头像，朋友圈展示的都是自己的真实生活，不仅好看，而且放心！

长期的展示，其实就可以获取信任，而在传统的世界里，我们缺少这样一个恰到好处的工具。

真实的另一种解释，就是要展示自己的脸。不真实就是骗人，骗人就是不要脸。我用真实的信息，就是很坦诚地表示我没有欺骗你，这个表态太重要了。

凡是微信上面不用自己真实头像的人，我都不会和他深交，为什么呢？因为不靠谱，他不暴露真实自己，让我没有安全感，人人都有这样的心理。有了真实头像，看你长相，有没有眼缘，顺不顺眼，想不想聊，都很清楚。

有时候，做生意很简单，没有为什么，就是看你很眼熟，像是老朋友，直接信任、成交。

你如果不用真实头像能行吗？

所以我说微信时代，是真正的好人时代到来了，赚钱只是一个副产品。

只要做好人，就不会差钱，你真诚面对你的好友，只要是人，就有需求，你把你所接触到的人，统统加到微信里，同时注重平时的积累。

比如涉及付款的，我都要求加对方微信，微信转账给他。为了收钱，他没有办法拒绝。如果我是买家，对方也会让我加微信，那我就加呗，作为一个普通人来讲，5000 个好友名额很多了，你需要做的，就是经营好你的人脉圈子。

对方什么人，好不好，你观察观察就明白了，好人留下，不好的删掉，随着时间的积累，你好友里面靠谱的越来越多，而每个人为了有好的发展，也会慢慢都靠谱起来，这样整个大环境就彻底改变了，而我们每个参与者，就是受益最大的人。

所以我说，**微信时代，是真正的让好人赚钱的时代，每个人背后都有自己的人脉关系，**中国人办事又特别喜欢找亲戚朋友打听，如果你靠谱，很容易被推荐给别人，你说你生意会少吗？会不赚钱吗？

假设我认识一个很好的装修的工长，当你家需要装修，你问我有没有认识的好的装修，我很容易就把他推荐给你了，对于工长来说，这是零成本获取一个订单，对于我来说，我能帮到我的好朋友，让我的价值再次显现，我很开心，对于朋友来讲不用到处查到处看，没费什么时间和精力就获取到自己想要的信息，他很轻松。

每个人都受益了，而过程又是那么的简单，需求再也不靠百度，而是靠人脉关系和个人信誉，顺着这个想下去，太可怕了，世界有可能被颠覆，新的移动互联网时代，微信像条大船，我们每个人都应该弄张船票，这才是顺应时代。

一个好人，所能成交的金额太大了，你买房买车，都有可能听他的，而他只不过是一个愿意帮助他人的靠谱的人而已。

我认识一个卖房子的销售，她卖一套房子可以赚 8 万，但是她会让利几万给客户，非常认真负责，找她买房的人非常多，一年可以轻松赚几百万，都是客户一个介绍一个，她从不打广告，全靠微信介绍，口碑传播，但是同样卖房子的其他销售，就是能黑就黑，能多赚就多赚，最终导致客户流失，生意做得很累。

一个好人加一个微信，这辈子就够了，不差钱！

第二章

微商传媒：粉刷匠的前世今生

第一节　放牛哥：校园淘金月赚万元

一个真正想追寻梦想的人，思维一定要比别人快半拍，不要浪费任何你可以利用起来的时间，要有超前意识，才能更好地主导属于你自己的人生。

在大二的时候，我就萌生创业的想法了，不过无论做什么，都需要一个"铺垫"的过程，我还是学生，没有充足的能力和一定的经历，所以我要磨练自己，于是我创办了一个社团，没过多久，主动加入进来的就有两百多人，之后为了进行合理划分，我将社团分为编辑部、体育部、文艺部等五大部。

在编辑部里，几乎都是文字爱好者，他们会写不同风格的文章，并将这些贡献给我，我觉得不能浪费他们的才华，便想出一个校报，但是那时候报纸太普遍了，每个社团都能出，而且大学生对此几乎没有兴趣，我左思右想一番，想到一个不错的主意：我可以出一本像《读者》那样的杂志啊，然后，我可以拿这本杂志去拉广告。

想法确定后，一直没有行动，因为我想让这本杂志更有吸引力，这光凭大学生写的文章是不够的，没想到没过多久，这样的机会就来了。当时我们学校，也就是我的上一届有一个学长叫作尉迟琳嘉，他是 2004 年中央电视台《挑战主持人》全国决赛的年度总冠军，他在电视上很火，在我们学校更是如此，他是我们河大的骄傲，所以我想：不如就找他做封面吧，蹭了他的名气，杂志一定更有吸引力。

　　虽然我想到了这些，但我并没有立即找他去谈，我先做了一个三张纸的策划，我拿这个策划就去保定跑市场，首先我先锁定的是眼镜市场，因为当时没有戴眼镜的学生有很多，于是，我就找了当地的大明实业，它是一家眼镜店，开店已有几十年，它的老板在市中心有独立的三层楼，可见十分有钱。目标锁定后，我就来到他们的市场部，和市场部主管说："我是河大的学生，我成立了一社团，我们编辑部的人决定出一本杂志，杂志上可以给你们登广告，在我们大学给你们做宣传，我会请今年《挑战主持人》的冠军尉迟琳嘉做杂志的封面，会对他做一个访谈，而且这本杂志是免费放到每个宿舍的，覆盖量比较大，还有女生偶像助阵，关注度一定会很高的。"他一听觉得不错，然后我和他又详细谈了一会儿广告赞助的事儿，就这样，他给了我 3000 块钱，这是我挣的第一笔钱。

　　在那时候，3000 块钱是很多的，我一年的学费才 1 万块钱，生活费一个月就 500 块钱，跟他要 3000 块钱赞助，我就挺高兴，这个事儿成了之后，我又陆续跑其他的店，比如说电脑店、餐饮店、理发店等，找了很多，这一期谈下来，2 万多块钱就到手了。

　　有了钱之后，我主动联系了尉迟琳嘉，对他说："我想出一本杂志，已经拉到广告赞助了，想请你做我们杂志的封面，并邀请你做一个访谈，谈一谈你参加《挑战主持人》的经历和感想，让咱们大学里的学生更加了解你，希望你能支持我们一下。"他听后，很高兴地答应了。

　　后来，在一切都准备好之后，我就花了 1 万多块钱出了一本叫作《象牙塔》的杂志，当时，在学校也引起很大的轰动。我一期杂志能赚 1 万块钱，一个学期下来就能赚几万块钱。这本杂志我连做了六期，每一期反响都十分不错，后来，到了大三，我把社团交给小一届会长，因为我要去北京 58 同城实习了。这段经历，我一直印刻在自己的脑海里，因为它是我梦想的一个起点。

第二节　含泪关闭经营 8 年的传统公司

2007 年 7 月，我大学毕业，一个人拖着行李又来到了北京，住在阴暗的地下室里，那种环境实在是很闷，有种让人喘不上气的感觉，但我并不抱怨，因为我骨子里是不屈不挠的，环境对我而言并没有那么重要，尽管我当时的处境不是很好，但最起码我自己一直在努力着，而且我相信，通过自己的努力，未来一定会变得不一样。

就这样，我开始了正式的职业生涯，在辛辛苦苦工作一年之后，我决定要自己出来大干一番，于是我毅然决然选择了辞职，与此同时，也搬出了地下室，和同学合租了一间房子，在这间房子里，我开始做起了业务，注册了一个公司——北京嘎嘎客信息技术有限公司。当时，注册一个公司的资金约 3 万块钱，我才掏 3 千块钱，就属于代注册的，对于一个创业者而言，当时的我确实很窘迫，但这并不能阻止我往上走的决心。

公司成立后，我开始想应该做什么，其实我早就有一个想法：在我大学毕业后，其实是有机会去澳大利亚新南威尔士大学留学的，为了留学这件事，我还专门去北京新航道的雅思培训去学习，在那里，我发现来参加培训的学生太多了，而且学费又很贵，一期培训学费就是 9800 块钱。当时我就想，现在留学人这么多，我干脆就不留学了，直接整个培训类的折扣网站吧。

那时候，我就想把大学生培训的市场资源做一个整合，把这个东西拿到我平台上来卖，然后我在大学市场里面推广我这个网站，你们来注册，来买课程，然后赚差价。例如：我跟新东方去谈，课程 9800 块钱，我跟他们商量 8000 块钱给我，我帮你们去招生，我卖给学生 9000，学生通过我的网站报名也可以参加新东方培训，还可以省钱。

其实，这个商业模式是很成型的，但是我当时不是技术开发人员，找的技术开发人员也比较蹩脚，刚开始的时候，我俩是属于合伙人，但是这个网站，他一直做不起来，就这么一直拖着，一点发展也没有，我觉得这样下去肯定不行，于是立刻换了方向，去做 400 电话。

最初，我做 400 电话是因为想要弄一个网站，要想让网站有可信度，看起来比较正规，我所想到的方式就是装一个 400 的全国服务热线。确定想法后，我立即展开行动，我联系了 400 电话公司，没想到它就在西三旗那边，我去了之后很吃惊，因为那个公司两个老板加一个前台，就三个人。我问老板："你这么小的一个公司可以做 400 电话？"他笑而不语。后来我知道当时一个 400 电话他卖 400 块钱，他的代理商是 250 块钱一个月，这样算下来，一个代理商他一个月可以挣 150 块钱，一年的话就可以挣 1800 块钱，要是 100 个代理商的话，那一年就是 18 万块钱。

这笔账算清楚之后，我发现这比普通的上班族强太多了，正好我想做的网站又没做起来，那么不如做 400 电话吧。当时全中国基本上没有人做 400 电话，但是我却敏锐地发现 400 电话是非常有发展前景的。为什么？企业要升级，你打一个 010 或者是 0318 一个座机号很没有档次，但 400

电话就会显得不一样。

发现这个市场后，我就开始将 400 电话作为嘎嘎客公司的主营业务，因为市场空白、抢占了先机的缘故，当时 400 电话业务发展得十分不错，我卖给一个客户一年的价格是 36000 块钱，附带了一个客服QQ 给他，而我一年的成本是 1200 块钱，所以可以说是暴利。但那时市场太小，一年也就十几个客户，后来做的人多了，发现这个市场的人也变多了，竞争非常激烈，400 电话的价钱降到 600 块钱一年，而成本要 300 块钱一年，这一单下来，我一年才赚 300 块钱，给员工发工资的钱都不够。

所以一个个问题就随之而来了，尤其是员工离职的问题。也许每个老板都会遇到这样的情况：每次过年回来，员工就开始办离职手续了，这时候老板是最痛苦的，我也一样。员工离职后，我还要继续上招聘网站去招人，置顶广告一个月就要一万多块钱，每天可能有二三十个简历投递过来，他们不会主动打电话给我，只能我去给他们打，一个个苦口婆心地告诉他们公司的发展，并诚挚邀请他们来面试。有的人说你给我发一个地址吧，我挂完电话就发了过去，但他再没有任何回音；有的人答应我明天会来面试，但却始终没有来；有的人来面试了，但最终还是说：我再考虑考虑吧，之后便再无联系；还有的人面试通过，来了两三天，觉得工作不符合心意，立马转头走人了。

这样的情况，把我弄得十分疲惫，每一天我都处在一种煎熬之中，但是为了公司的生存，我要出去谈客户，回来还要抚慰员工，但我的努力并没有得到应有的回报。

　　2008 年到 2013 年，六年的时间里，400 电话就已经不好做了，到了 2014 年，更是陷入了窘境之中。业务的低潮、员工的离职、传统企业的经营之痛，让我明白不能再这么强撑下去了，如果想要更好地发展，就必须要转型。尽管有万分不舍，但最终，我还是含泪关闭了和我相伴 8 年的传统公司。

第三节 靠 QQ 空间年赚 200 万

在我迷茫之时，我加入了秦刚老师创办的社群——秦王会，与此同时，我还结识了中国"SEO 第一人"王通。在秦刚老师的指导下，我了解许多公司运作的知识，了解到社群的凝聚力和影响力，以及移动互联网这个风口未来的发展趋势，而在王通老师的指导下，我渐渐开始写日记，走向"自明星"的发展之路。

我清楚地记得 2014 年 4 月 15 号的那个晚上，我和王通老师从 0 点一直沟通到 2 点。我跟他倾诉了我所有的烦恼，他对我说："你开始写日记吧，将自己打造成一个可以'吸睛'的自明星。"虽然他想法很好，但是我不会写日记，因为根本不知道该写些什么。后来，王通又说："那你来参加我的培训班吧。"我最后也没有去。

可能这次沟通看起来毫无成效，其实不然，通过这件事，我得到了一个启发：王通这么厉害，竟然还这么努力，我感觉我们普通人还是不够努力，他身上这种敬业的精神，对我有很大的触动。就是这份触动，让我后来有了很大的改变。

后来，我每每回想和王通沟通的那个晚上，都觉得自己选对了时机。

若是这个沟通是在白天，效果基本上为零，因为白天的沟通，我们常常会不珍惜。你可以回想一下，身边很多朋友白天和你说的话，你可能都忘记了，因为白天这样一个时间段给别人的感觉好像是应该的，而晚上给别人的感觉就不一样了。每个上过学的人为了考试能取得一个好成绩，都曾挑灯夜战过，这样的经历在我们大脑皮层里留下了一个印象：凡是在夜里还在努力的人，那就是很牛的一个人。所以，王通和我在夜里沟通，一直和我聊到 2 点，我就被他这种客户精神打动了。

那之后，我一直关注王通，研究他的博客和日记，同时，我也研究秦刚的博客和日记，看着看着，我就想：两位大佬那么厉害都能写日记，我为什么不能写呢？虽然我不会写，但是我可以先模仿啊。

想通之后，我就开始写日记了。最初，我很多东西都不会弄，于是看王通、秦刚他们俩怎么写，我就跟着怎么写，当入了一点门的时候，我就开始想创新了，因为我想写不一样的日记。那时，秦刚老师用四号字，让人看着很舒服，为了不一样，我特地选了三号字、二号字，还把字体加粗，选择用紫色，后来，我发现在完全不了解一件事物的情况下，盲目去创新，是一种病态的思维。

果不其然，我的"创新"带来反效果，走了一段弯路后，我发现不行。

因为自己的加粗字体太难看了，而且颜色又是紫色的，给人一种怪怪的感觉，而秦刚的字体，没有什么花哨的东西，让人越看越舒服。于是，我果断又改了回来。

后来，一切熟悉了之后，我打算开始用 QQ 写日记。其实，我一直有一个六位的 QQ 号——199577。因为比较珍贵，让人看起来觉得很牛，我反倒舍不得去用，所以这个 QQ 一直处于私人联络时才会用的状态，但后来我发现王通写日记的 QQ 也是六位的，而秦刚是一个七位的，他们身价都比我高，都愿意写，那我也应该放开才对。

从那之后，我就正式用那个六位的 QQ 号来写日记了。我的第一篇文章，有一百多个流量，也就是说有一百多个人在看我写的日记。相比我以前在公司给自己的二十几名员工开会费尽口舌还处于被动状态，这个写日记的效果简直太棒了，因为每个看我日记的人都是主动的。当时，我的大脑里就浮现了一种远景：既然在网络上，能有一百多个人看我写的日记，我就把那一百多个人当成自己的员工不就行了，我每天在我的日记里"直播"我的想法，去影响这些人，试图达到一种共鸣。说不定，会有人在看完我所有写的日记后，会觉得我这个老板很不错，他可以主动成为我公司的一员，这样我既得到了一名忠诚的员工，又省去了去 58 同城、赶集网招聘的费用，何乐而不为呢？

就这样，我一直写着日记，并且每天都会写一些干货。我写干货的原因很简单，就是为了吸引别人，试想一下，若我总是藏着掖着，很多东西都私自保留，不愿意分享出去，那么我写日记还有什么价值呢？

除此之外，我还有一个最简单的算法，那就是：**贡献 100% 的干货。一般人会觉得每个人都会留一手，不会贡献自己的所有，而我就要打破这个论调，实施 100% 的干货贡献。**当然，这个时候，那些人就会觉得我一定还有更多的干货没有贡献出来，但其实我已经贡献了全部，这就是人心里的一种认知差，正是因为有这个认知差的存在，他们无意之中将我拔高了，觉得我十分厉害。

后来，很多人看我写的东西之后，都说："放牛哥，看你写的日记太过瘾了。"可我想说，并不是太过瘾，而是因为他们在市面上看不到一个人能这么发自肺腑地跟他去说一些真东西。尽管我说的东西可能不够好，但最起码这是我的东西，我没刻意为了讨好谁而去写这些。

很多人在这方面做不好，不是因为自己能力不够，而是因为太爱"算计"，总是计较付出与回报的比率，因此才做不起来。而我自始至终都用一种朴实而真诚的方式去对待那些想要来我这儿学习的人。

就这样，时间久了，我发现有越来越多的人都来看我写的日记，来追捧我。我决定利用这样一个好的机会，创办一个社群，因为我叫"放牛哥"，索性我的社群就叫"放牛班"吧！

在放牛班诞生以后，我决定以每人 2000 块钱一年收费，不到三个月的时间，就招来一百人，这一算 20 万就到手了，一百人够了之后，我又涨价到每人 3000 块钱一年，然后很快又到了一百人，这样下来 50 万就到手了。通过利用 QQ 空间写日记的"自明星"发展模式，我一年下来就赚到 200 多万，这对我而言是一个巨大的跨越。

通过放牛班，我不仅获得了个人的成长，而且还从中发现这是一种商业模式，**而这个商业模式的出发点就源于我所写的日记，更准确地说，是我在日记里贡献出来的 100% 的干货。**他们加入放牛班的目的，就是想索取更多的干货。

第四节　创新升级：微商传媒顺势而生

刚开始，放牛班的成就，让我十分高兴，因为我的努力终于见了成效。可后来，我渐渐发现自己越做越吃力。我开始思考原因，一如上面所说，那些加入放牛班的人，都是抱着索取的心态来学习的，虽然我已经贡献了全部，但他们却觉得我还有更多的东西。

除此之外，他们还都来自不同行业、不同领域，例如做房地产的、做土特产的、做保健品的……他们都试图获得我的指导。当然，我可以去指导，可是你想象一下，如果 200 个人都要我亲自指导，那我一定会累死。他们始终在透支我一个人。所以，我发现这种模式是不对的，后来，我就在这基础之上，又摸索出了一条新的道路来，将这种模式创新升级了。由此，"微商传媒"正式横空出世。

在微商传媒成立后，王通老师来问我："为什么叫微商传媒呢？"其实，这里面有很大的蕴意，它并不是不经考虑就叫"微商传媒"的，而是整合了我之前所有的经验而总结出来的东西，最后升华了。

从嘎嘎客公司说起，那时最大的问题就是，别人听了这个名字，不能理解我这个公司是做什么的。而我发现其他做得好的大型公司，都有一个

"含义深刻"的公司名称。例如盛大远景，它代表了一种希望，他想把公司做大做强，有发展前景；而东方视角，他会想中国不就是在世界的东方吗，他就是站在东方的视角来做的影视文化传播。这便是他们的寓意。

而现在"微商传媒"也有这样的寓意。**"微商"在我看来，其实代表着移动互联网，"微"就是"微小"，"商"就是"商人"，我自己本身就是一个微小的商人，另外，微商又结合了微信这样一个平台。所以，总结出来一共两个含义：第一就是微小的商业，微小的创业者；第二就是借助微信平台做一些生意。**

因此，我就叫"微商（北京）传媒有限公司"。

虽然，我做的也是微商生意，但与那些自称"向日葵团队""蚂蚁团队"的微商不同的是，我已经上升到了公司的层面，营业范围非常广泛，但我对自己对客户都有保障。如今，"微商"是一种时代趋势，而"传媒"本身就是一个很有影响力的东西，这又深化了"微商（北京）传媒有限公司"的内涵。

第五节 "粉·刷·匠"的核心理念

"粉"：粉丝经济，学会吸粉，并以核心用户思维来维护好粉丝；

"刷"：懂得优雅刷屏，让用户不仅不反感，还追着你看；

"匠"：挑选匠心精神打造的产品，同时用匠心去对待每个信任我们的客户，不夸大，不忽悠，不欺骗。

粉刷匠就是要具备这三大特征才可以做得更出色、更优秀，才能做得更好。

一、以"自明星"角度，整合社会闲散劳动力

上面曾提到过，在嘎嘎客时期，我作为老板最大的痛点就是招聘员工，给员工开会，结果最后员工还是在不断离职，而我又要继续招聘，如此循环，弄得人疲惫不堪。

其实，为了挽留员工，我曾做过很多努力。最开始我以为留不住员工，是我给的工资待遇太低，于是我提升了工资待遇，之后还挖了一些高管过来，给他买手机、买电脑，用最好的装备。为了活跃气氛，我每周都会拿出五百到六百的活动基金，让他们去聚餐。另外，为了吸引员工，我还换了豪华的

办公室，租金每个月三万多块钱，一年下来三十多万就投进去了，我做了所有的努力，但最后还是留不住员工。这是所有传统企业都避免不了的痛点。

而现在却不同，微商传媒以自身的模式打破了这些痛点。它以"自明星"的角度所产生的影响力去招募社会上那些剩余劳动力，改变现有的这种雇佣制。雇佣制的老板需要给员工发工资，而我现在"微商传媒"这个团队，有 160 个 CEO，4000 个粉刷匠，他们都是我的员工，而我却不用怎么费心管理，大家自动创业主动干活，管理成本为零。

其实，微商传媒的很多理念都是王通、秦刚给我的。王通引导我做自明星，秦刚让我升级社群玩法。当自明星的光环发挥效用时，很多志同道合的人都主动加入微商传媒，在招聘上，我省时省力，再也不用去 58 同城、赶集网去发布信息招人了；通过升级社群，我达到了"核心点"聚焦，不再像以前放牛班那样零散，在微商传媒里，唯一的主题就是"微商"，所以我聚焦微商，你干微商才能加入，不干微商就不能加入。

另外，还有一点好处，就是我不用再给那些加入者单独服务了，他们想要加盟到我公司，不仅不需要我发工资，还需要主动掏钱。例如：有一个人想要成为我手下的 CEO，他需要掏 12000 元的年费给我，他就相当于我的分公司一样，而我呢，并不需要像那些传统公司一样，开一个分公司需要自己花钱去投资，在他加入我之后，会挂着总部的营业执照，而其他的一切都是他自己来运作。目前，微商传媒在全国已经有 100 多个CEO，几乎覆盖全国了。

微商传媒如此具有吸引力，其实就是因为身为"自明星"的我在起作用，所以不难看出，微商传媒的核心驱动力就是自明星。自明星为什么会有这样的好处呢？我们可以追溯到传统的影视明星，例如刘德华，如果你很崇拜刘德华，那么当他和你一握手，你就会无比激动，这是作为"粉丝"最正常的反应。在明星光环的笼罩下，他在你心目中的形象是无比高大的，因为有好多人都在追捧他。

通过分析，你也就明白为什么我能做到让别人主动掏钱加入微商传媒，就是因为我有很大的影响力，而他们想要借助我的影响力来提升自己，其实他们还是站在自身角度去考虑的，只不过他们觉得，在掏钱加入微商传媒之后，我能够帮助他们，给他们资源。这个时候，他们其实已经是一个具有想法的创业者了，他们缺少的仅是一个有能力者的带动和支持。

在微商传媒这个整体的大环境下，所有素材都是共享的，不像那些分散在各处的向日葵团队、蚂蚁团队那样，彼此的素材不可以置换。所以，一旦你加入了微商传媒，你就拥有了无数个CEO、粉刷匠所贡献的素材，即使你什么都没有，你也可以直接将这些素材拿去用。这种方式，就是资源的借力和整合，能够让你快速起飞。而且大家谈论的都是共同的主题——手机创业。

有个共同的主题，就有了凝聚力，大家会齐心协力将这个主题一同做好。

也许你会问："为什么会选择将'手机创业'作为主题呢？"很简单，因为手机创业是未来最有发展的事情。就像十年前，互联网时代马云创办的淘宝网十分火爆，吸引了很多人纷纷加入。那时，想要创业的人，排除了开公司这样繁琐的道路，而选择了淘宝网，就是想试图通过电商发展，来实现屌丝逆袭。

而如今，互联网时代已经被新的浪潮压过。随着网络不断地发展，人们所有的注意力都开始集中到移动互联网上。现在，几乎每个人都离不开手机，无论是公交车、办公室、同学聚会……你到任何地方去看，都会发现人们在玩手机。正是在这样的趋势下，我选择了移动互联网的发展之路。

现在很多 80 后、90 后都开始面临上有老、下有小的问题。他们要为事业而奋斗，要买房子买车，为自己和家人的幸福而拼搏。但是每个月的死工资根本无力撑起这些，因此，很多人都想创业，但手里的资金又有限。而微商传媒的出现，正好可以帮助他们实现这样的需求，不管是打工族、还是普通老百姓，都可以通过微商传媒来获得低价货源，而且用手机刷一下微信朋友圈，就可以直接卖货。你可以不懂互联网，不懂电商，但你仍然可以加入微商传媒，通过手机来创业，没有任何技术含量，简单易学，另外，我们还会给你素材，任你享用。

其实，**微商传媒的主旨，就是帮助那些普通老百姓借助移动互联网的平台，借助这个大的时代风口，利用碎片时间赚取额外的收益，从而让自身的生活获得更多的幸福感。**

二、厂家代发，无须囤货

在"互联网 +"的时代里，传统行业陷入了一种困境，很多实体店都做不下去了，只能面临倒闭的结局。而互联网 PC 端又被 BAT 等行业大佬稳稳盘踞，想从这上面找出路的，最终都只能成为"路人甲"。因此，不受限制的微商成了普通老百姓崛起之路。

那么，微商为什么这么火呢？就是因为它让很多没有资源、没有资本的普通老百姓找到了一个新的赚钱出口。但很多传统微商都是在"骗"，采用一种看似合理的囤货制去骗。由于中国人太急功近利，所以根本不考虑产品自身的好坏，即便是一个毫无效用的垃圾面膜，他也会去微信招代理，而想做代理的人，就必须要先体验，说直白一些，就是要先从他那里买货，比如说达到3000块钱，你才能成为他的代理商。而且这种代理商是不断的，你成为代理商之后仍可以去招代理商，就是这样的层层代理制，让产品变成了道具，将一个个所谓的"代理商"套入了囤货牢笼。

于是在你囤了很多货之后，你发现自己根本卖不出去货，原因在于你根本不会卖货，你缺少营销理念，又没有广泛的人脉，所以最终那些货"烂"在了自己的手里，你做微商的初衷是为挣钱，可最后你发现自己反倒赔了钱。

而微商传媒就不一样了，它和传统微商在这方面就有很大的不同，它采用"厂家代发，无须囤货"的方式。这种做法，不仅对加入者有利，对那些供货厂家、对微商传媒自身也很有利，所以可以说，这是一个一举三得的好事。

对于加入者而言，没有囤货，也就意味着不用发货，在免除囤货赔钱的担忧之外，还省去了大量的打包、寄快递的时间和精力。除此之外，微商传媒的社群，还会有不定期的培训，帮助你学习营销知识，提升沟通技能，最终实现销售量的提升，让你的口袋轻松入账，完成你最初加入微商传媒的初衷。

对于厂家而言，和微商传媒合作，可以帮助自身完成销售的目的，简单又轻松。我们都知道厂家是生产产品的，但产品必须要卖出去才能挣钱，这就要求他们必须找到一定的销售渠道，但他们对销售又不精通，但微商传媒不一样，这里的人都是专业研究营销的，而且我们拥有2000多人的团队，分布在全国各地，那些厂家和我们对接之后，我们这2000多人就可以为他们服务了，而我们能得到什么呢？自然就是低于市面的价格，因为我们要赚的就是这个差价。

对于微商传媒而言，我们既考虑到加入者的困扰，体恤他们的不易，又帮助厂家解决了销售的问题，成为他们产品售出的一个最佳渠道。顺利解决这两方面的问题之后，我们就发现这样的方式已经成了微商传媒的两大优势。

三、社群开放经营，学习共同成长

在生活中，我们可能会常说："我不适应现在这种环境，总觉得融入不了集体。"其实最大的原因是因为我们无法在这个集体中获得一种归属感。一个没有归属感的人自然不能在这个集体里待太久，而一个让所有人都没有归属感的集体，迟早会分崩离析。

在归属感这方面，传统微商团队做得不够好，正因为有这样的弊端，微商传媒才十分注重归属感的问题。当你作为一个新人加入到我们团队之中时，我们会给你热烈的欢迎，会给你鼓掌，会给你放礼花，会给你发红包，让你会产生一种受人关注、受人重视的感觉。也许，你在现实生活中，经常会受到别人的批评、指责，而这些会打压你积极的心态，而在我们这里，并不会这样，我们会用和蔼、友善的态度来对待你，因此，在这里你精神上一定是愉悦的，而这份愉悦将会转化为你努力工作的动力。

除此之外，我们还会根据你的自我介绍，了解你的资源及行业背景，从而给你匹配适合你销售的产品。例如：有一个女孩加入微商传媒，通过自我介绍，我们得知她今年 25 岁，是一名护士，朋友圈广泛。在我们众多销售的产品中，一款护士茶（顶级保健品）最适合她不过了，因为通过她的行业背景，我们可以看出她接触病人及病人家属的机率要多一些，那么健康保健品对她而言自然就会好卖一些。

另外，在做完产品匹配之后，有些微商"小白"还是会陷入迷茫，因为他可能没有素材、不懂营销⋯⋯这些，在微商传媒都不是问题。如果你没有素材，社群里这么多人会主动给你提供素材，让你去刷朋友圈；如果你不懂营销，社群里这么多 CEO 高管都会给你培训，让你学习到营销知识。除了这些，你在销售产品的过程中，无论遇到什么问题，都可以第一时间来到社群询问，我们都可以为你解答。

从这里，你不难看出：微商传媒是一个极其注重分享的团队。我们的社群永远是开放经营，这对每一位参与者都公平，我们所希望的是大家能发自真心地凝聚在一起，相互扶持，相互帮助，共同学习，共同成长。

四、整合大众消费，只做精品好货

一名微商，想要真正把生意做好，除了要学习营销知识，将自己培养成营销高手外，更重要的是，要懂得选择好的产品，因为一个好的产品，才会让人产生购买欲望，从而促进交易。

正是考虑到这点，微商传媒才决定从消费者的角度出发，整合大众消费。为什么要整合大众消费呢？因为只有大众消费才是未来的一个重心。现在的老百姓，为了买房子、买车，可以说是省吃俭用去还月供，因此如果我们去卖一些稀奇的东西、一些奢侈品，那么根本就不会有人买。但如果我们卖的是实用的生活用品，比如说黄桃罐头，在生活中，你一定会去吃，家里有小孩的，更是会有这样的需求，所以它才卖得很火。我们卖的黄桃罐头一天成本就要 3 万多块钱，一年下来卖黄桃罐头就可以卖 1000 万，试想一下：若一个黄桃罐头就可以卖 1000 万，那十个类似黄桃罐头这样的品牌产品，我们就可以做到一个亿。

能达到这样的效果，正是因为我们抓住的是老百姓的需求。再举一个例子：乐颜莉斯发膜帽。生活中，很多女人都愿意去理发店做保养，一次性消费可能是 300 ～ 800 元不等，但是我们的发膜帽零售价格才 138 块钱，可以用 4 次，平均下来一次不到 40 块钱，当然这仅是对于一个普通消费者而言的价格，如果你成为我们的粉刷匠，那么价格就会降到 80 块钱，那 4 次平均下来，一次才 20 块钱。成为粉刷匠，你的生活成本会通过微商传媒这个平台降低，与此同时，你还可以将产品卖出去，兼职赚钱。

除此之外，在整合大众消费的基础上，我们也有所选择，那就是我们只做精品好货，目的是为了在给消费者保障的同时，也能让我们和消费者之间的关系获得长期的发展。

我们微商传媒的合作伙伴都是细分领域的 NO.1。例如：我们有一款产品是 AUN 防臭袜，它就是防臭袜的第一品牌。还有刚才提到的乐颜莉斯发膜帽，它是中国广州生产的，在全球 51 个国家有 6000 家分店。我们微商传媒就和这样有实力的企业合作，你可以把我们团队想象成他们公司的一个部门，2000 多个粉刷匠在为他服务的同时，还不用去他们的公司占用电脑设备、等着发工资。所以，他们和我们合作，我们作为一个销售平台要收取 40000 块钱的年费，一个月平均下来才 4000 块钱，这大大降低了他们的人工成本费用。

微商传媒这个平台，其实是集销售与广告为一体的。"微商"代表着销售，而"传媒"代表着"广告"。因为传媒本身就是具有影响力的，在微商传媒里，每一个参与者在朋友圈里都至少有 100 名好友，就算这个产品一单不卖，也已经让 100 多个人知道这个品牌的存在了。

为了满足消费者需求，我们整合大众消费，挑选最有实力的产品企业，选择的都是绝对的精品好货，这让消费者买得舒心，也让产品企业卖得顺心，而我们微商传媒也能做到省心、放心，何乐而不为呢？

第三章

粉刷匠的必修课

第一节　微商传媒运营体系的秘密

一、粉刷匠

1. 粉刷匠主要做什么?

粉刷匠的主要职责，就是加人和刷屏。

加人：每天坚持加一些人，不会，我们给方法，你也可以不加，但加只会对你有好处。

刷屏：每月最低要刷 10 条我们官方指定的内容和图片，如果达不到要求，没有福利。

就是简单两条，加人、刷屏。不需要你干太多，免得你有压力。如果后期你自己愿意做得更多，那说明你是一个追求上进、积极努力的人。我们非常欢迎有梦想又上进的人加入我们的团队。

2. 粉刷匠怎么赚钱?

粉刷匠要想赚钱，有两种方式。

（1）多刷朋友圈，多出单。这是最直接的一种方式，不要担心赚不到钱，只要你肯用心学习，按照社群的指导来做，就一定能出单。

（2）升级为 CEO。粉刷匠是有晋升空间的，当你觉得自己已经有把握胜任 CEO 的时候，你就可以掏 1.2 万元的年费，成为一个 CEO，招募粉刷匠，来帮你赚钱。

3. 哪些人特别适合加盟微商传媒粉刷匠？

（1）对微商感兴趣的打工者、宝妈、白领等，想在额外的时间里，为自己赚取一定的收益。

（2）有思想的创业者，想通过基础的"粉刷匠"来试水，从而走向更高的平台。

如果以上两条中至少有一条符合你的情况，那么你就可以加入粉刷匠，借助微商传媒的平台，打造一个可以长期经营的事业，收获大量优质人脉。

4. 粉刷匠的年费

目前粉刷匠的年费是 800 元，每个月平均下来不足 67 块钱，如果你真想干一份事业，这个价钱真心不贵。因为你所有的付出都将转换为价值。在微商传媒这个平台里，你将得到以下好处。

（1）零风险创业：在一年之内，可以免费旅游一次。云南（昆明、大理、丽江）六日游，另外还有桂林、张家界、内蒙古等，具体出发路线待通知。它绝对真实，体验良好，不强制消费，不用怀疑。

（2）利润项目：零成本代理微商传媒旗下所有产品项目，保证充足的利润空间。

（3）轻松省力：官方提供丰富的图片、文案素材，你复制到朋友圈就可以。我们也鼓励原创，表现好还有奖励。

（4）社群服务：线上微信群，粉刷匠每天交流，分享卖货经验，100多位城市 CEO 导师都在，不懂随时提问解答！

（5）线上培训：每月一期微商实战课程培训，免费学习价值很高的内部原创电子书。

（6）线下交流：免费参加一次价值 300 元的本地线下聚会，面对面交流，城市 CEO 现场给方法、给指导！

二、CEO

1. 城市 CEO 主要做什么？

城市 CEO 的职责，就是招募、培训、服务粉刷匠。

招募：通过你擅长的方式，找到有兼职赚钱需求的人，向他们介绍粉刷匠的好处，吸收其成为会员。每位 CEO 有自己的直属粉刷匠团队，由其直接招募到的会员组成。

培训：有讲课能力的 CEO 可以报名参加每月 8 次的线上课程讲座，为集体输出价值。另一方面，每位 CEO 要对自己的团队做好团建、激励工作。

服务：包括日常答疑、协助下单、售后对接等，还可自愿为集体提供一些基于自己能力专长的服务。

2. 城市 CEO 怎么赚钱？

CEO 要想赚钱，有两种方式。

（1）多多招募粉刷匠，带动粉刷匠卖货出单。粉刷匠缴纳的年费，一部分上交管理费，一部分归 CEO 所有，这是基本的收入。粉刷匠出单，直属上级 CEO 还可以赚取差价。因此 CEO 招募的粉刷匠越多，CEO 的收入就越高。

（2）多多谈渠道，例如线下实体店铺货。CEO 拿货价格已经达到最低，利润空间大，非常有利于铺实体店。

微商传媒现有的 100 多个 CEO 里面，有善于招人、带团队的，有善于推销的，也有依靠广阔人脉资源专门走大单的。如果你什么都不会，什么资源也没有，只要你心态积极、执行力强、学习力强，在这个团队里照样可以通过汲取集体智慧，快速找到自己的赚钱方式。

3. 哪些人特别适合加盟微商传媒城市 CEO ？

（1）有粉丝、有人脉、有渠道，需要一个变现的方式。

（2）有绝活，也就是在某个细分领域拥有比较高超的技能和知识。

（3）没人脉、没资金、没绝活，但是心态积极、执行力强、学习力强。

如果以上三条中至少有一条符合你的情况，那么你就可以加入城市 CEO，借助微商传媒的平台，打造一份可以长期经营的事业，收获大量优质人脉。

4. 城市 CEO 年费

目前 CEO 的年费是 1.2 万元，每个月平均下来 1000 块钱，如果你真想做一份事业，这个价钱真心不贵。因为你所有的付出都将转换为价值。在微商传媒这个平台里，你将得到以下好处。

（1）大量一手货源，如果这些货源你自己一个一个去找厂家谈，全下来要数百万。

（2）众多精英的集体智慧，保证方向不错、方法正确、细节到位，很多东西都是我们将近一年来已经实践成熟的，而自己一个人摸索是如何的孤独无助，相信你是早已经历过的。

（3）CEO 之间劳动共享、共同带团队、轻松不累。如果你当过老板，那应该知道，带团队是非常累的，但是在微商传媒，你不是一个人在战斗，很多时候其实是伙伴在帮你带团队。例如你不会讲课，有其他 CEO 替你讲，每月 8 次线上培训是全体粉刷匠共享的；你不会做刷屏素材，不会美工，也有人替你做，每天 15 条广告素材、各种宣传用图、甚至视频都有其他 CEO 伙伴替你做了。这些共享给你的劳动成果，你如果雇人来做，每个月支出恐怕要过万了吧？

（4）大量优质人脉。如果你是一个善于付出的人，在团队中会收获许多信任，CEO、粉刷匠，都有可能成为你的终身人脉。

（5）得到秦刚老师的指导。这是属于微商传媒城市 CEO 的特殊的福利。秦王会创始人之一秦刚老师，作为微商传媒的投资人，目前也加入了 CEO 的行列，招募粉刷匠，同时，他还经常在 CEO 群内与大家交流。秦刚老师的咨询费是 3 万元 / 小时，而你作为微商传媒 CEO，可以经常有机会与他直接交流。

第二节　微信加好友的五种简单实操方法

一、最简单实用的方法：通过微信群加好友

加好友，每个微商都需要。

以前我们通过粉刷匠课堂以及文章的形式向粉刷匠会员零散分享过一些方法，这次我想做一个梳理，挑选其中最好用的方法集中分享给大家。

在讲方法之前，我提出两个问题供你思考：

1. 你需要多少好友？

2. 什么是精准好友？

现在你先不要往下看，用两分钟思考一下。

我个人的看法如下：

1. 好友多，有多的玩法，少有少的玩法。如果你喜欢规模化、程序化，那就需要尽量多加好友，一个号 5000 人，加满 10 个号会很好玩。 如果你喜欢精耕细作，几百到一千个好友也能玩得很开心。

2. 对于粉刷匠来说，只要是有钱可花的活人，就都算精准好友。因为我们有很多产品，以后还会不断丰富，覆盖了大众消费方方面面的需求，不像那些做单品的微商，往往需要"瞄准"一个所谓的精准人群。

首先，分享一个最简单的加好友方法。

这个方法没有任何门槛，任何人都可以用。每当有人问我如何加好友，我给出的第一个（也往往是唯一的一个）方法，就是这个：通过微信群加好友。

这个方法如果你精益求精地去操作，会生出许多细节，例如如何找到好群、进群如何吸引关注、如何与群成员互动、如何设置诱饵让别人主动加你，等等。

但是我不想这样去教，因为我发现一让你这样去做，你就会害怕，怕太难了、怕麻烦，结果就是不做。

那好，我教你最简单的做法。

第一步，私聊你的现有好友，找相对熟悉的人，请求他，拉你进一个"比较有意思的群"。

第二步，进群之前，写好一个简短的自我介绍，进群以后，发一个红包，然后发自我介绍。

第三步，趁着热闹，在群里聊一聊。

第四步，打开群名单，挨个加好友，每天申请20多个，不要超过30个。

就这样，简单吗？我最早就是这样加的呀，现在这个方法也不会失效，永远不会失效。如果这么简单的方法你都不做，我后面要教的方法你也不用去看了。

答疑

1. 请好友拉我进群，需要给他发红包吗？

答：随便。

2. 请好友拉我进群，人家不拉怎么办？

答：放弃这个人，去问下一个。假设你已经有 20 个好友了，如果这 20 个人都不拉你，那你做人也太失败了，好好反省一下吧。

3. 自我介绍怎么写？

答：大家好，我叫王楠，来自河北省承德市，今年 28 岁，双子座，我的职业是重型挖掘机械资深操作手，未婚。

如此之类，自我介绍能出彩更好，不出彩也无所谓，为了防止你怕难，我不教你如何写出彩的自我介绍，你只要介绍了，就比没介绍强。

4. 红包发多大？

答：随你便，例如 5 块钱分 50 份，钱可以不多，数量不要太少，让尽量多的人都能抢到。我发现有的人红包只发 1 份，然后还自己抢了，这种做法相当惹人厌，最好不要去做。

5. 在群里聊什么？我不会聊天怎么办？

答：真诚点就好。后面有章节专门教你微信群聊天。

6. 我可以在群里发广告吗？

答：如果这个群你没有打算放弃，我建议你永远不主动谈及你的产品，更不要直接甩广告，除非有人问你，那可以在群里对他介绍一下。

7. 我申请别人加好友的时候，验证语怎么写？

答：这个教程追求的是简单，我的答案是，用默认的验证语即可。

8. 别人不通过我怎么办？

答：首先可能你头像不好看，其次可能你起的网名太不招人喜欢了，第三可能你在群里聊天的表现太让人反感了。排除以上原因，如果你每申请 28 个人有 10 人以上通过，那就可以了。加好友不要嫌少，如果你每天新增 10 个好友，半年以后你就多了 1800 个好友，这其实很好了，总比你整天地问如何"快速"加好友，问了一年才加上 50 个人，要强得多。这就是积累的力量，它要求你马上开始行动，并坚持不懈。

二、不要小看摇一摇和附近的人

在我刚开始玩微信的时候我也看过许多别人写的加好友方法，什么 72 招、108 招之类。方法虽多，实用者少，为什么呢？我分析主要原因有二：

1.其中很多方法都是"编"出来的，也就是说，作者是凭空想象的方法，没有经过实践检验。

2.缺少细节。方法对，你看了以后自己去操作，很多细节把握不到位，得到的结果很差。

那我教你的方法就要避免这两个坑，务求：①实践过；②有细节。

这次要说的方法，简单到可怕，以至于你不敢相信它是真的。

这个方法就是：摇一摇。

微信摇一摇，原生的功能，太过简单粗暴，你可能瞧不上，但是我有实践案例证明其有效。不是我实践的，是我让别人实践的，他用这个方法，三个月时间，把好友数从 90 加到了将近 1000。

你可能嫌慢，那是你的选择。我说过了，重在积累，不积累，天天找快的方法，可能三个月过去了你什么也没得到。如果高级的方法你驾驭不了，我劝你马上用简单的方法开始积累。马上！

下面说细节：

1. 摇到了人，打招呼的验证语怎么写？

这个问题不用纠结，哪怕你只说个"你好"都行，反正对方也在摇，目的就是加好友，不加好友摇什么摇？如果你嫌"你好"太 low 了，那你可以说个不 low 的啊，你说"摇到你的一刻，我有种莫名的激动"，随便你。

2. 加上以后聊什么？

我建议由你来主导话题，而不是漫无边际地乱聊，这样做的目的是提高效率节省时间。

如何选择话题呢？不要查户口，不要一上来卖产品。

我假定你和我一样不善于或不愿意东拉西扯地闲聊，所以我直接给你一个建议，这不是唯一的聊法，我只是举例：

你可以假装在做调查。调查的领域，可以与产品有关，也可以结合你个人的其他知识和爱好。

一上来，开门见山：您好，我正在做一个公益调查，是关于食品安全的，可否请您做 3 个选择题？

注意我的沟通术。

（1）要告诉对方你调查的主题。

（2）要告诉他你只问他 3 个问题。

（3）要告诉他这 3 个问题是选择题。

这样他就会意识到你的调查不会耽误他太多时间。

对方的回答有三种可能：可以，不可以，你结婚了吗？

如果对方的回答是后两者，这个人你可以放弃了，马上删掉他，或者扔在那里不管。如果对方回答"可以"，那么你把你设置的问题发给他。

（1）您认为蔬菜、粮食上的农药残留严重吗？

A. 很严重　　　B. 不严重　　　C. 不知道

（2）您认为肉类中的激素、抗生素残留严重吗？

A. 很严重　　　B. 不严重　　　C. 不知道

（3）您认为食材上的农药、激素、抗生素残留会对人体健康构成伤害吗？

A. 会　　　　　B. 不会　　　　C. 不知道

如果你想主卖菜宝宝，那你就用这套问题问他，如果你卖别的产品，那就根据你卖的产品自己编一套问题。

注意：问题的设置一定要简单，要离产品稍微远一点，不要直接抛出产品，急功近利显得销售意图非常明显。

3. 调查完了以后干吗？

调查完了，不干吗，说声谢谢，再发个热情感谢的动画表情，完事。

如果你不抠门，给对方发个 1.66 的红包。

如果你觉得投缘，愿意东拉西扯，你就扯，不想扯就终止谈话。

4. 如果对方执意要粘着你，东拉西扯聊些暧昧话题怎么办？

把他拉进黑名单。

这说的是摇一摇，附近的人也可以这样操作。

目标：每天加上并留下 10 个人，可以了，不要操作过于频繁，加一个，聊一个，聊完，再加下一个。如果你发现没有人通过你的好友申请，那有两种可能：

（1）操作太频繁了，加的人太多了。

（2）你头像太难看。

这个教程的前两个方法：微信群加好友、摇一摇／附近的人加好友，是最最简单的，后面的方法难度有所增加。如果你发现难以驾驭，那你用好前两个方法就很 OK 了，不要贪。

不要贪多。

不要贪快。

要积累，现在就开始。

三、地推加好友，非常精准

学方法，有人喜欢学巧的，有人喜欢学笨的。

我只会教笨方法，不会教巧方法。喜欢笨的，留下，喜欢巧的，走。

前两篇，一篇是教你通过微信群加好友，一篇是教你用摇一摇和附近的人加好友，都是很笨的方法，我给你的预期是每天加 10 个好友，慢慢积累。方法简单，只需要稍微把握细节就可以了。

本文教你第三个笨方法：地推。

我说的地推有两种：一个是发广告，一个是摆摊。

发广告，最近我团队的一位粉刷匠伙伴正在发大卫博士的广告，发了有三四天了吧，加了多少好友我没问他，只知道已经成交了 4 套，这个成绩令我感到惊喜，没想到这么简单就成交了。

怎么发的呢？

地点：停车场

人员：自己一个人

发的什么：临时停车牌。上面有产品广告，有微信二维码

他的意图也很简单，车主相对有钱，无论是财力上还是意识上，都能消费得起大卫博士这种产品。长时间开车的人，泌尿系统、前列腺可能比较容易有毛病。所以他就选择这个地点去发他自己印的临时停车牌。

你不要试图找我要他设计的停车牌，因为根本没什么可看的，我都不好意思让你看。这个牌他设计得太差了，其立意、文案、视觉，通通都很差，好在印的不多，发完就改版。

我说这个的意思是，广告怎么设计，虽然重要，但不是最重要的，最重要的是去干。

选一个产品，选一类人群，选一个地点，去发广告。根据不同的产品，这个广告的目标，可以是先加人，也可以是直接成交。

广告文案的要点，第一是简单，一看就懂，第二是卖点（痛点）提炼准确。例如大卫博士的文案可以这样写：

微循环好了，该好的都会好

改善尿频、尿急、阴囊潮湿，保护前列腺健康，提高睡眠质量

中国人自己的专利面料，高科技植入远红外线，改善微循环

排版自己调整下，该大的大，该小的小。如果稍微更有趣一点，可以加上一句："她说，老公比以前厉害了"。这不是乱说，很多人确实有这个效果的反馈，包括我自己在内。只是有的人不好意思宣传这个点而已，加上这句肯定效果更好啦。

再例如，前几天我团队有个伙伴要印一些乐颜莉斯彩发膜的不干胶，请他做顺丰的朋友给贴在包裹上，让我帮他设计文案，这个其实也非常简单：

你有白头发吗？

乐颜莉斯色彩发膜：给你最健康的染色方案

它是发膜，不是染膏

纯植物配方，非化学染发

滋养发质的同时让你拥有自然黑色

安全，不过敏

发广告可以把生意做大，到什么程度呢？有个例子对我很有启发。

我现在住在泸州，这个地方对外交通很令人恼火。有机场，但是航线少，而且贵。没有铁路客运，想坐火车或者某些本地没有的航线，就必须先坐3个小时长途巴士到重庆，或者4个小时到成都。

但是坐长途巴士不舒服，而且慢，后来就出现了私家车来营运这个业务，包车到重庆400元，4个人拼车每人100。在半年多以前，泸州多数人还不知道上哪去找这种拼车的，甚至长途汽车站外面的出租车都可以做中间人介绍一单赚300。而现在呢，大多数人都已经知道了这个业务并且掌握若干个调度中心的联系电话。

市民怎么知道的呢？很简单：名片。

他们的做法就是到处去发名片，疯狂发，见人就发。短短半年时间，把这个业务覆盖了整个城市，你说厉害不厉害？

发名片、发广告，老土、落后、简单、粗暴，但是怎么样呢？实打实的管用。

至于你发不发，我反正是准备组织人去发了。

哦对了，我团队还有个小姑娘满大街发菜宝宝宣传彩页已经成交5台了。

接下来说摆摊。

你不要看不起摆摊的，他们可能赚的比你多，月入五六千那是干得不好的，摆摊达人月入一两万属于正常。

但是摆摊仍然是很痛苦的，痛苦在哪里呢?

出摊，就赚钱，不出摊，就不赚钱，干多少赚多少，难以放大。手里的货，卖完了就赚，卖不完变成库存就赔。

但是粉刷匠摆摊，却可以不痛苦。原因有二:

1. 你玩的是微商，你会微信营销。

2. 你手里有众多优秀产品的货源，却不用囤货。

这时候你去摆摊，目的就不仅限于卖货了，你更远大的目的是加好友。

无论是实体店，还是摆地摊，都是在获取大街上的流量。这些流量一走一过，如果不加以存储，那就只能一直去买这个流量，这跟 PC 互联网时代网站买流量是一样的。那想存储要怎么做呢? 微信就是你最好的工具。

打个比方，你在僻静处租个门面，每月租金 1000 元，同样的面积在闹市租，每月要 1 万元，凭什么贵? 贵就贵在流量大，实际上你是花钱买流量。再好的地点摆摊也需要支出摊位费，道理一样。

假设每天从你的摊位前面走过 1 万人，其中 1%，也就是 100 人，是出来消费的，这就是所谓你的精准人群。你到大街上摆摊的目标，就应该是把这 100 人存到你的微信里来。

相当于一大锅乱炖，绝大部分是你不爱吃的野菜和肥肉，你爱吃的瘦肉只有几块，你很聪明，专门把瘦肉全挑走了，你的碗里，只有瘦肉，没有别的。

摆摊，具体怎么做呢？

如果你没摆过摊，你可以先到网上去搜索一些摆摊攻略，学习一下。

我要给你的建议是，前三次先去免费的地点尝试，积累一点经验。我说的这个经验，是很琐碎的经验，例如需要带哪些工具啦，货带多少合适啦等等。有了点经验以后，算是入门了，然后你可以去物色收费的地点。

收费的地点比免费的地点好，因为：

1.流量大，而且优质；

2.城管不轰。

你要知道，去摆摊，最大的成本是时间，而不是钱。单从加好友的角度讲，一个免费的地点，也许你摆 3 个小时能加 3 个好友，而收费的地点你也许能加 30 个好友，这个差距是巨大的。

关于摆摊加好友的细节：

1. 加好友的理由。

你不要说加好友给你便宜 2 块钱或者赠送个什么小礼物之类的，这个太低级了。你能给的那点优惠，优质的人看不上，看得上的人不优质。更重要的是，你这样做就是在求着对方，太被动了，对后期是不利的。

应该怎么说呢？

其实也不需要什么非常高明的理由，简简单单，你只需要说：加上我微信呗，想买的时候微信上喊一声就行，不然你下次找不到我，来给你扫我的码。

明白不？他加你，不是因为你要卖，而是因为他要买。

你说优惠 2 块钱，这就是你要卖，后期营销的意图极其赤裸，小恩小惠令人反感。你说方便你下次找到我，这就是他要买，是他要加你的，而不是你求他加你。懂了不？

仅仅是一个小说辞，变动一下，就给你建立了有利的框架。

2. 加上好友以后，马上给对方发一段话。

例如：Hello，我是卖黄桃罐头的小孟，相逢就是缘，感谢你加我为好友，下次你想买我的罐头，在微信上喊我就可以啦！

这段话你可以存在输入法快捷短语里，加上好友马上发过去，当面发。然后你还可以口头给他重复一遍你的昵称，并且口头描述一下你自己头像的特点。

这几个动作，务必要做，目的是给他强化记忆，防止他走了以后就忘了你是谁。

3. 马上修改对方的备注信息。

例如给他加个标签"罐头地推买家"、"罐头地推意向"，或者在他的昵称前面加上"罐头地买_"、"罐头地意_"。这样做的目的是防止你忘了对方是谁，同时也便于你后期去定向营销（例如朋友圈提醒、私信联系等）。

四、最快速加好友：诱饵投放法

说了不讲快的方法，还是忍不住要讲。这个"快"只是相对前三个方法而言，其实也不算很快。反正很简单就是了。

去年我参加了在北京举行的自明星峰会，会上有好几位重量级大咖做了非常精彩的分享，当时我把大部分都录像了。然后我在订阅号上发了一篇文章，里边罗列了一下演讲目录，最后说：以上这些演讲，我都录了视频，主办方不让公开发布，如果你想要，就加我个人微信，我告诉你如何免费获得这些视频。

我分解一下这个技巧。

1. "主办方不让公布"，这是我不在公众号文章里直接给出下载链接的借口。

2. "我告诉你如何获得"，这暗示对方，并不是说你加上我，我就会无条件把视频给你，而是到时候我还会要求你做一件事，我才能给你。

3. "免费获得"，打消对方我可能要收费的疑虑。

然后，我就把这篇文章发朋友圈并转发多个微信群。很快，就有许多人加我，找我要视频，我就跟他说出条件：把我这篇文章转发到你的朋友圈，我就把下载地址给你。我没有把这个条件直接在文章里说出来，因为那样的话就成了诱导分享，公众号是不允许这么做的，但是让他加我好友，这就没有任何问题，加上好友以后再告诉他要转发。

也许你会担心很多人拒绝转发，但我告诉你，这个担心完全是多余的。我说它多余，并不是因为那次实际上很少有人拒绝转发，而是因为，他爱拒绝不拒绝，我根本不在乎拒绝我的人。任何一个做法，你都不要试图让所有人认可，只要有一部分人愿意配合就可以了，哪怕是一少部分！

那天通过这一个诱饵我加了300多好友，订阅号也涨粉500多，后来是我懒得弄了，没有继续。实际上这个简单的做法完全可以继续放大，不断地转发、裂变，而且不一定局限在微信里，也可以发到别处，例如一些论坛、贴吧等等。

还可以进一步精细化操作。例如一共有8个视频，我可以分成两组，A组有3个，B组有5个，你帮我转发到朋友圈，我给你A组视频，然后你再把我拉进一个 100 人以上的微信群，我给你 B 组视频。这样操作，可以实现更疯狂的裂变，因为你每进入一个新群，又可以把诱饵文章投放到这个群里。或者进群以后也不投放文章，仅仅采用前文介绍的微信群加好友的方法，去"傻傻"地加。

案例说完了，我来分析一下这个方法的套路。

1. 选择诱饵。

有的人使用的是边际成本不递减的诱饵，这样投入比较大。什么叫"边际成本不递减"？就是你兑现 1 份奖品，付出 10 块钱，兑现 2 份，付出 20 块钱，兑现 100 份，付出 1000 块钱。这样操作不是不可以，大手笔，见效快，但不适合新手，因为有些细节你把握不好的话，投入产出比会比较低，或者加了一堆只为占便宜的垃圾好友，玩亏了的风险较高。

我建议你使用的，是边际成本接近为零的诱饵。就是说，你兑现第 1 份奖品，成本 100 元，兑现第 2 份奖品，新增成本 0 元，总成本还是 100 元，平均成本 50 元 / 份，兑现到第 1000 份奖品，平均成本摊薄到 0.1 元 / 份。例如我拍摄和整理那些视频，所付出的时间就是我的成本，但是之后发给他们视频的时候，只需要简单发个地址即可，成本近乎于零。

常见的零成本诱饵有：视频、电子书、文章、图片、信息，等等，都是可以复制的电子资料。

注意：诱饵的选择，既决定了吸引来的是什么人，也体现了你个人的格调。

2. 对诱饵本身进行价值包装。

你仅仅说出诱饵是什么，那绝对是不够的。你必须要告诉对方，你的这个诱饵价值多少，能给他带来什么好处。你千万不要想当然地认为，你的诱饵的价值和好处是显而易见的、对方应该能够自动领会。不是的，他领会不了，真的领会不了！你必须直白地告诉他。

例如演讲视频，你要告诉他，会场门票多少钱，你拍摄这套资料花费了多少时间，或者你是花多少钱买来的，这个演讲的大概内容有哪些，他看了以后能学会什么，他用了学到的东西以后能够给他带来什么样的结果。

你做到这些，就完成了对诱饵的最基本的价值包装，已经很可以了。价值包装术是一个高级的营销技术，学会了价值包装，可以让你的很多事情进行得更加顺利。下一篇的内容，我会给你演示更深度的价值包装方法。

3. 诱饵的投放。

选择诱饵，要考虑人群。诱饵与人群的匹配，这是个技术活，不过非常幸运的是，咱们粉刷匠伙伴们并不需要太纠结人群的精准性，因为你卖的不是单品，微商传媒给你提供的产品很多，还都是一件代发不囤的货，这就让你在"人群匹配"这个技术活上相对轻松许多。事实上，只要是别太穷的活人，就都有可能成为你的客户，都算是你的精准人群。

诱饵与人群的匹配你不需要太多考虑，你必须考虑的是诱饵与投放地点的匹配。例如某个群里都是一些不学无术的享乐份子，你去投放一个学习资料作为诱饵，那就很不合适，但你如果投放一个精彩电影做诱饵，效果就会好得多。

还有一个小点要注意，如果你往朋友圈和微信群里投放的是一个图片或者文章，那么一定别忘了配上一段话，也就是我们经常强调的导语。这个文案非常重要，它的作用是让更多人去打开你的文章或者图片。没有这个导语，打开率会低很多。

其他要点：

1. 疯狂地投放，尽量多投一些地点，同一个地点可以反复投放，甚至用不同的号去投。因为你投放一遍可能有的人没看到，或者有的人看到了但是没有点击，你不同时间多投几遍，就会获得更大的机会。

2. 文案不是一劳永逸的，要反复优化，效果会越来越好。

3. 要留你的微信二维码，如果你只留微信号，那么只有少数人会加你，因为懒。有二维码就很轻松，扫一下很方便，加你的人会明显增多，这个差异是很大的。

不过有细心的读者可能已经发现了，我现在订阅号发文章都不留个人微信二维码了，只留订阅号 Linyusay 的二维码和微信号。因为我不希望很多人加我，爱加不加。加我的都是相对勤奋的，他们为了加我，会记住我的微信号然后去搜索，连这个都懒得做的，我也不想要你。

最后提示一点：如果你觉得诱饵投放法太难了，那么请你不要再揪住它不放，下一篇"价值包装的范例演示"你也不用看了，因为难度又会增加一点。你只需要去回顾前面章节介绍的三个方法，把他们切实地用好，就很可以了，实用为王。

五、对诱饵进行价值包装的范例演示

价值包装术，是国内顶级互联网营销大师王通的经典课程，我花3000 元学费学来的，我发现这门技术乃是营销人之必备武功。

做微商，好友太少，就难以放大你的销售，所以加好友势在必行。

当你用投放诱饵的方式企图吸引别人加你好友的时候，如果你不会对诱饵进行价值包装，诱饵本身就失去了诱惑力，显得平淡无奇，别人看了以后没有任何感觉，没有马上要获得它的冲动，于是也就不会来加你好友。

如果你能对诱饵进行很好的价值包装，这个诱饵就会具有超级强大的诱惑力，让人看了如饥似渴，马上就想要！为了获得这个诱饵，他就会刻不容缓地马上加你为好友。

同样一个诱饵，同样的投放力度，有没有做价值包装，差距可以说是天壤之别！

一个没包装的诱饵，也许你只能吸引到 10 个人；价值包装做得好，就有可能吸引 1000 人，达到 100 倍的放大。

曾经有人套用我的模板包装了一本电子书，用这个诱饵在 3 天内轻松吸粉 500 人。文案很出色，效果之所以不算理想，只加到 500 人，是因为他的投放力度不够，文案只有 2000 多个浏览量。不过照此计算，加粉转化率接近 25%，也还是很不错的。如果加大力量投放，让浏览量达到 10 万，则有望一举吸粉 2.5 万人。

这个方法听起来高级，实际上要学会也非常简单！

为了降低你的学习难度，我把价值包装的理论提炼成了一个简单的套路，或者说是一个傻瓜式的模板。你只需要把你的任何一个诱饵，简单地套入这个模板，按部就班地去做，就能达到很好的价值包装效果，使你的吸粉行动事半功百倍！

你想不想获得这个模板呢？

由于它凝聚了高人的智慧以及我实践的总结，价值太大不宜公开，请你加我个人微信，我将告诉你如何免费获得这个模板。好方法知道的人多了会被用滥，我只放出 1000 个名额，其中前 200 个是免费的，后 800 个需要花 1888 元购买。

对于花钱购买的朋友，我还要额外赠送你 3 个现成的精品诱饵，每一个诱饵都写好了完整的价值包装文案，并且我还会告诉你每一个精品诱饵所适合的投放地点。只要你不懒，认认真真去投放，一定会收到极好的效果。

效果好不好，怎么界定呢？

很简单。

你购买以后 30 天内，如果觉得没有价值，后悔了，没关系，你只要找我说一声，我不会多问你一句话，马上就给你全额退款，并且还多退你 12 块钱，一共退给你 1900 元，让你后悔还赚钱。

当然，如果你懒得自己撰写文案，我也可以帮你写，收费 3000 元，我可以针对你找的诱饵，给你一个 600 字左右的文案，预期效果至少吸粉 3000 人，平均 1 个好友成本 1 元，还是非常便宜的。但是我不管投放，你自己去投，效果达不到也不退款，爱买就买。

你看明白了没有？

我已经给你演示完了，以上这一大段，就是一个完整的价值包装文案。现在你想不想找我索取那个神秘的模板？

不要来找我要，这个模板非常简单，我直接告诉你，只有 17 个字：

痛苦、好处、效果、案例、简单、价格、稀缺、零风险。

这个模板我就不详解了，免费送给你，你能用就用上，套一套的事儿，很简单。

当然，加好友的方法远远不止这些，我写出来的，就当是给新手粉刷匠做个参考吧。在我们的粉刷匠群里，时不时也能看到一些伙伴分享出来的好用的方法，不局限在加粉，更多的是有关营销和成交。

正好昨天我还看到有人说，出去旅游，把一车的人都加了，怎么加的呢，就是当面建群。这个做法很简单吧？它巧妙的一点就在于先建群后加好友，避免了挨个扫码加好友的尴尬和麻烦。

你想要加好友，在生活中机会多的是。**"加好友"，如其字面，就是交朋友，需要你有一颗真诚、热情的心。**

第三节　微信互动的六大策略，快速提高好友信任度

一、磨刀不误砍柴工：微信互动需要提前做好的准备工作

互动部分的教程包含以下内容：

1. 基本准备工作；

2. 朋友圈互动；

3. 私聊互动及广告群发；

4. 微信群互动。

我的教程的特点：有原理、有细节。原理是告诉你为什么这么做，细节是告诉你怎么做。原理很多人都懂，不过也有人不懂，所以我还是讲一讲；重点在讲细节，从而避免你"道理都懂，可还是过不好这一生"。

太复杂的我尽量不讲，务求简单、可操作。

本篇先讲基本准备工作。

第一项准备工作，就是你要明白互动的意义。否则出于懒惰或者性格的孤僻，你就会排斥在微信上刻意地与别人互动。

为什么要互动？

很简单，为了交朋友。

微信是一个社交平台，用户来这里不是为了买东西，之所以能够成交，根本上是基于对你这个人的信任。虽然也存在完全陌生状态下的成交，但这不是主流。

严格来讲，信任需要一定程度的考察，包括对你的专业性，以及你的人品。不过，人并不是完全理性的生物，很多时候，信任你仅仅是因为对你有好感，或者跟你熟，出于这种感性的因素，省略了理性的考察。

咱们拿一个情景来举例：

你是一名粉刷匠，粉刷匠有一个产品是可以把头发染黑的发膜。你的一个朋友有染发的需求，以前没染过，或者一直用化学染膏。使用染膏有各种痛点，例如让发质变差、染的时候有臭味、担心有害物质伤害健康等，现在他忽然决定放弃传统染膏，想找一种没有以上痛点的产品。

如果没有你，他会怎么买呢？可能是到某电商网站去搜，一搜就会出来一大堆选择，对吧？然后他就不得不在众多产品之间进行比较。有网购经验的人都知道，这种比较的过程漫长而痛苦，因为产品太多，需要了解的信息量太大。虽然有其他买家的评价供他参考（就算这些评价都是真实的），但评价者都是陌生人，怎能确定他们的主观评价标准与自己一致？

还好，因为有你，他可以免于那种痛苦的挑选。你向他推荐，他信任你，就可以愉快而迅速地完成这次采购任务。

这个就是朋友间信任的力量。信任带来成交，降低交易成本，让双方受益。

那么，如何交朋友？

就是靠互动。

你做微商，想赚多一点钱，就需要更多好友，我前面的文章已经教了你好几个简单实用的加好友方法。刚加上的好友都是陌生人。**通过互动交朋友，就是把陌生人变成熟人的过程。**

第二项准备工作：设置好你的个人基本信息。

包括：头像、昵称、个性签名、所在地、朋友圈封面图。

这些是老生常谈了，可依然很多人忽略。

头像，用真人头像，即便你长得并不好看也没关系，只要照片拍得好，一样可以很帅、很美。

我把头像照片的要点简单提炼一下：

1. 服装的选择不要草率；

2. 背景尽量简单，背景的光线、颜色，与人物的面部要形成较强的对比；

3. 面部光线要充足；

4. 身姿要挺拔；

5. 对着镜子找自己比较好看的角度和表情。

昵称，尽量使用真实姓名，可以加上你的职业、专长、头衔之类信息。避免生僻字，要做到好认、好记、好输入。

头像和昵称是最重要的，因为出现频率最高。它们的作用主要是让别人更容易记住你，让你的信息在众多朋友圈信息以及群聊信息当中更醒目。

所在地，不要空着，也不要设置成某个偏僻的国外地点，你这种行为都是极其没有诚意的，也透露出你缺乏自信。设置成真实地址最好，因为能让你增加获取本地好友信任的机会，这个价值很大。

　　个性签名和朋友圈封面可以打广告，也可以不打，根据你个人的策略来。大多数情况下不打广告比较容易加好友。我要给你的建议仅仅是不要草率对待这两项的设置，如何设置更好呢？告诉你一个简单的方法，你去多翻看一些好友的个性签名和朋友圈封面，看他们是怎么设置的，做个参考，然后选择适合你自己的方式。

第三项准备工作：给好友设置标签、备注、星标。

　　这样做的目的，是将好友分门别类，便于你后期区别对待，例如重点互动、群发信息、回访等等，另外也能让你更方便更快速地找到某个或某类好友。

　　如何设置呢？

　　先说标签。一个好友可以被你打上好多个标签。例如对发膜感兴趣但暂时没有成交的，你可以给他标记"发膜意向"，当你想要跟进一下这些人的时候，就不会找不到他们了。如果已经成交，你可以标记"发膜成交"，便于你做售后回访。

　　昵称备注，跟标签的作用类似，区别有两点：

　　1. 当你在朋友圈、微信群、私聊窗口看到某人时，标签是不显示的，如果你在他的昵称备注里写了一些信息，你就能一目了然知道他的情况。

　　2. 有些人可能会改变自己的头像和昵称，使得你认不出他来了，如果你给他备注过昵称，无论他怎么改，你这里显示的都不会变。

　　加星标，作用是让你更快捷地在通讯录里找到他们。对于没有星标的好友，在通讯录中是按昵称首字排序的，而星标好友会排在所有好友的前面，相当于在通讯录中置顶。

给谁加星标呢？我个人的做法是，给那些我要重点做朋友圈互动的人加星标，具体做法，后面章节再说。

二、回应别人的朋友圈是一种旨在让对方满足的美德

朋友圈互动，可能是适合大多数人最常用的一种互动手段。

互动的目的是交朋友，如果我们用数字化一点的方式来表达，可以说成是"提高友好度"。什么意思呢？

你可以假想，你和每个人之间，存在着"友好度"这么个参数，0代表彼此无了解，数字越大，表示关系越好，达到100那就是热恋了，如果是负数那就代表你们之间关系恶劣。

你加上一个新的陌生好友，你们之间的友好度就是0，交朋友的意思就是提高这个数字。

如何提高？互动。

就单次互动而言，有重互动和轻互动。

朋友圈互动就是一种轻互动，特点：占用时间少、频次高、轻松自然不尴尬、每次互动友好度提升0.5。

朋友圈互动包括两个方面，一是对别人发的朋友圈做出响应，二是你自己发朋友圈让别人看。

先说如何对别人发的朋友圈做出响应。

一般来说你可以做出的响应有四种：点赞、评论、私聊、自己也发一条与之遥相呼应的朋友圈。

点赞最简单，你只需要注意两点：1.要区分哪些朋友圈适合点赞，哪些不适合，不要闭着眼乱点；2.对一个人不要点得过于密集、忽冷忽热。

评论相当于点赞的升级，又是一种比私聊更轻松随意的互动方式。

任何人发朋友圈，都是希望得到别人的响应，点赞是最弱的一种响应，评论有内容，被评论者获得的满足感更高一些。

对于评论，我只提示一个要点，那就是不要不走心。什么叫不走心？不走心的评论就是你随口一说，轻飘飘，信息量和感情含量都太少，对方的感受跟被点赞差不多，没留下什么印象。

如何才能走心？两个技巧：

1.评论之前停下来，想一想；

2.带上一些感情。

这样做出的评论，往往让被评论者印象深刻，内心获得更大满足。

私聊，这里说的是由朋友圈触发的私聊行为。可以是你看了一条朋友圈以后直接去和他私聊跟他这条朋友圈有关的话题，也可以是在评论里对话一个回合以后去进行私聊。这是一种相对重度一点的响应，只要你不是太唐突，对方获得的满足感是比较高的。

什么情况该聊什么情况不该聊，我相信大家在具体情况中能够有自己的判断。我提出这一条，仅仅是提示你在互动中可以做出这种更主动、更积极的行为。

最后一种响应行为：针对别人发的朋友圈，自己也发一条。可以分为两种情况：

1.转发别人发的内容，例如一张精彩的图片，或者一段精彩的文字，对方会觉得自己得到了认同；

2. 隔空喊话，例如对同一个话题、同一张图片、同一篇文章，发表相似或不同的观点，或者调侃，他会对你这种响应感到新奇有趣。

发的时候，别忘了艾特原来发这个内容的人一下。

发朋友圈，是一种一对多的信息传递。其心理目的基本可以概括为"炫耀"，炫耀自己生活的品位、炫耀爱情、炫耀孩子、炫耀事业、炫耀财富，等等。

既然炫耀，就希望得到回应，你该怎么做？回应了就比没回应强，回应的质量高就比质量低的强。除了少数人缘极好的人以外，多数人发的多数朋友圈，收到的回应都是很少的，如果你勤快点，给他一个回应，这难道不是一个让你出头的机会吗？

回应别人的朋友圈多数是一种一对一的信息传递。虽然说每一次回应占用的时间很短，但朋友圈里内容那么多，别说回应，就算是把所有内容全浏览一遍都需要花费大量的时间，除非你的好友数量很少，否则那是不现实的。

所以，必须要对这项工作有一个合理的规划。我的建议是这样的：

1. 没事的时候随机浏览一下朋友圈，看几屏就得了，不用没完没了地看，发现适合回应的，就积极回应一下。

2. 给你打算重点互动的人加上星标，每天把加了星标的人新发的朋友圈全部浏览一遍，给每个人点至少一个赞、发至少一条评论。你这样坚持做，他对你印象深刻将是一个必然的结果。

三、你自己的朋友圈怎么发?

上一篇教程写的是如何对别人发的朋友圈进行回应，这篇写你应该如何发朋友圈。

我写的如何加好友，只给了四个特别基础的方法，后来经常有人找我要更多的招，我一个也没给。因为基础的方法就已经够了，想要更多招的有两种人，一种是看了基础方法以后嫌慢，另一种是典型的"方法收集爱好者"。

嫌慢的，我依然是要劝你重视积累的力量，追求快的方法其实对你很不利，能让你追求一辈子都得不到结果。而认可慢的方法、肯于积累的人，用不了多久就能甩你108条街。

对于"方法收集爱好者"，表面上你掌握了一大堆方法，实际上你是行动上的侏儒。

学了简单的方法，马上用。

朋友圈怎么发?

我提一个最根本的关键词：**规划**。

其实很多工作，都需要贯彻这个关键词，发朋友圈也不例外。

为什么要规划呢? 为了帮助你执行。

如果你不进行规划，"发朋友圈"这件事就成了一个没有头绪的任务，你会发现这项任务好难，每天面临压力，想发又觉得没的可发。用不了多久，就会懈怠，不了了之，你的朋友圈又恢复成以前杂乱无章的状态，甚至沉寂无声。

如果你做了规划，原本艰巨的任务会瞬间变得简单，你会发现，原来每天要做的事只有这么少啊！这样一来，就非常容易持之以恒。

对于朋友圈的规划，有三个要点：

1. 内容

2. 频率

3. 素材来源

内容，就是指你要发什么。对于粉刷匠来说，最基础的内容布局是：广告内容、生活内容、互动内容。

广告内容就是介绍你卖的产品，我们素材组每天制作十几条广告素材供粉刷匠会员取用。你可以照单全发，也可以只挑选其中你认为适合你的发，通常是建议后者。在发的时候，最好对文案进行个性化加工，所谓个性化加工，就是把文案改得更符合你个人的口吻。

我们提供的广告素材，说实在的，主要是给懒人用的。如果你想做好，那就应该自己原创素材，关键是你要分享自己使用产品的真实感受，真人出镜，亲自代言。从经验来看，这种原创素材的成交力明显高于别人的素材。

生活内容，就是你生活、工作的直播，今天你干什么了，和家人或朋友发生了那些互动交流，吃了什么，遇到了什么有趣的见闻，你的所思所想，等等。

之所以要发这些，根本上讲，是为了让别人能对你有更多认知，他从各个角度了解你越多，就越容易对你产生信任。如果你不发生活内容，你仅仅是一个广告机器而已，别人对你一无所知，成交的机会就小很多。

具体哪些生活内容可以发，你自己去想，我不能用我有限的思路限制了你的创造力。

有的人觉得自己生活很平淡，没什么可发的，我要告诉你，那仅仅是因为你对你的生活缺少观察。你的朋友圈并不要求你的生活高于别人，不要求你的生活多么精彩，哪怕你仅仅是买了个饮料，都可以发一张自拍，起码别人能知道你爱喝什么，这也算是一种了解。

再来说互动内容。这类内容是专门追求互动的，例如你提出一个问题，征集答案或建议，或者直接请求别人给你留下精彩评论。

为什么要用一条朋友圈追求别人与你互动？

这个原理你可能从未深思过：**别人给你点赞、评论，其实是一种付出，是时间、精力的付出，也是感情的付出**。他对你的这种付出积累得越多，就会越关注你。这是一个我不太想说的交友"阴谋"，为了让某人更关注你，你甚至可以故意去求助于他。这招太坏了，不做详解。

生活内容和互动内容，你可能从来没有研究过，现在告诉你要刻意地去发这些内容，你就会面临一个问题：如何才能做好？如何才能把每一条朋友圈发得水平更高？

这里边涉及很多技巧，也涉及很多创意，那怎么办？一条一条总结归纳出来？我觉得这样不妥，因为那会让这件事显得太复杂、太困难，而我总是希望能告诉你一个简单的方法。

这个简单的方法就是：**先做起来再说**。

很多人颠倒了学习做一件事的顺序，以为应该先掌握了全部的知识和技巧然后再去做，其实错了，你掌握不了全部的知识和技巧，你应该知道了一点基本的东西就赶快开始去做，反正做错了又不会损失什么。

生活内容、广告内容、互动内容，其实是可以有机结合的，做到这点，就是高手。高手不来自于学习，高手来自于实践。

不过，如果我一点技巧都不说，你可能会有些失落，这里就说两个最简单的技巧吧：

1. 刷脸。

做人，要得饶人处且饶人，发朋友圈，要得刷脸处且刷脸。刷脸干啥？就是混个脸熟，让别人记住你。不要小看这一点，你记住 1000 个人不容易，让 1000 个人记住你却并不困难，而且意义重大。

2. 自黑。

这个和刷脸不同，脸可以天天刷，自黑可不能天天搞，那样可能真的会影响别人对你的认知。偶尔黑一下就行了，效果很好，会自黑的人，人气高。

其实技巧的归纳，谁都有这个能力，关键就在于走心，多多发现细节。

再举例两个错误的做法：

1. 大量转发别人的文章，而且不加评论。

2. 天天发鸡汤。

无论是别人的文章还是鸡汤，都是别人的东西，而不是你的。这两种东西不是不能发，而是不要发得太多。

转发文章应该怎么做呢？应该加上一段评论，没有评论，就纯粹是别人的东西，加了评论，就有了你的东西，别人能知道你对文章的看法，也是对你的一种了解。

鸡汤怎么发？一是要偶尔发，不要太频繁；二是前面缀上一个引语做开头，例如"在哪哪看到一段话，觉得如何如何，分享给谁谁"。这样一来，发鸡汤的行为就免于沦为粗暴，而带有了分享交流的感觉。

每一类内容，都有一个合理的量，也就是你发某类内容的频率。

这个"合理"分两个层面，一方面是对于受众来说合理，另一方面是对你来说合理。对于你的受众，可能你认为每天1条广告合理，也可能你认为100条广告合理，这都没关系，你根据你的受众的特点去规划。而对于你自己，你规划每天发100条，那需要付出大量的时间，如果你承受不了，这个规划就不合理。

对于每一类内容，规划每天发多少，这是你的事。我要提示你的，就是一定要有规划。没有规划，它就是一个不明确的任务，有规划，任务就非常明确，有内容、有数量，知道该干嘛、干多少。对于一个不明确的任务，人都会感到恐惧，恐惧了，就不做，不去做，那微商这事儿对你来说就不了了之了。

你人生中可能有很多大事都不了了之了，其中相当一部分，都是因为没有规划。既然加入了粉刷匠做微商，那你就认真对待一回吧，能赚钱不是？

最后说素材来源，这也是帮你确保执行的关键因素。

发任何一类内容，如果你每次都靠临时的创意，那是很累的，要不了多久，就会枯竭。不信，你每天原创三条广告试试？你每天拍着脑袋发三条生活内容试试？

要解决这个问题，靠的就是找到稳定的素材来源。

例如你要发笑话，你可以找几个专门发笑话的订阅号或者微博，你这个素材就会取之不尽用之不竭。

例如你每天跑步，或者每天做一道甜点，那也相当于为自己创造了一个稳定的生活内容素材来源，你只要把每天跑步或者做甜点的经过、成果发出来就行了。

无论是什么类型的内容，都可以找到或者创造出稳定的素材来源。

把以上说的内容、频率、素材来源，这三件事都规划好了，发朋友圈就会做得很轻松，能够长期坚持。不规划，你会做得很痛苦，半途而废是迟早的事。

本文中关于内容规划，我只讲了最基本的三类：生活内容、广告内容、互动内容，还缺一个，那就是价值输出。这是一个稍微高级的玩法，借用秦刚老师提出的"自明星"概念，我把它命名为"轻自明星"策略。

四、人人都可以运用的"轻自明星"策略，自动建立信任

上一篇讲了朋友圈内容规划，有了良好的规划，可以让你的朋友圈内容更科学和井井有条，执行起来更加轻松和持久，避免半途而废。

我说朋友圈内容最基础的布局是：广告内容、生活内容、互动内容。为什么说是"最基础的"？因为还缺少了很厉害的一项：价值输出。

因为它很厉害，所以单独用一篇来讲。

什么是价值输出？就是你要发布一些对别人有帮助有价值的内容。这个策略用在粉刷匠的微商生意中，我称其为：轻自明星。

"自明星"是秦刚老师在2014年提出的一个概念，其含义是：

个人通过自媒体成为让大众熟知的某个领域的名人。

做自明星，可以让你的个人价值更加鲜明，拥有一批忠实的粉丝，你能更容易得到他人的信任，从而创造更多的生意机会。

要做自明星，有一套理论，一套策略，一套方法。自从秦刚老师提出这个概念以来，已经有很多人成功实践，并获得巨大收益。当然也有很多人在实践中遇到困难后来放弃了，而更多的，是看到其难度高于自己的能力，而从未开始实践。

如果你做不了自明星，或许你可以尝试我的"轻自明星"策略。

什么是轻自明星？ 顾名思义，就是把自明星策略轻量化、简易化了。

如果让我给轻自明星下一个定义，我想这样表述：**通过微信朋友圈，在有限的人脉范围内，通过持续的价值输出，打造自己在某个领域的专家形象。**

我相信，这个策略足够简单，只要你肯做、能坚持，都能从中获得收益。事实上，在我写这篇文章以前，已经有一些粉刷匠在这样做了，并且做得很成功。

粉刷匠，做微商，就是通过卖货赚取利润。轻自明星策略与卖货紧密相连。

那么，如何做一个能卖货的轻自明星呢？

这涉及三方面问题：

1. 选定领域

2. 以什么形式进行价值输出

3. 如何成为专家

先说第 1 个问题：选定领域。

这个领域首先应该是你感兴趣的，有兴趣，你才能够深入和坚持。其次，这个领域最好能与产品有一定联系。

例如：

护士茶，对应亚健康、清毒、抗癌方面的知识。

UDO 油，对应营养（尤其是油脂营养）、美容方面的知识。

菜宝宝，对应食品安全、农药残留、激素抗生素残留等方面的知识。

还有一些食品类的产品，对应的就是美食方面的知识。

但是我并没有让你先选定产品而后去确定领域，这个领域的选择应该是以人为中心，而不是以产品为中心。产品会更迭，而人的品牌是持续的。

例如，我们有的粉刷匠伙伴专门输出调理亚健康方面的知识，她并没有高调地宣称自己在这个细分领域中的地位，但由于其价值输出的持续性，在其有限圈子内，很多好友都会形成一个印象：她在这方面很在行。如果你有这样一个朋友，当你想要改善亚健康的时候，是不是会比较倾向于向她咨询，并听从她的建议？

还有的伙伴经常讲一些食品安全、饮食营养方面的东西，而她本人又是一个素食者。同样由于其价值输出的持续性，旁观者就会把她视作专家，有相关的问题会向她请教。

这种所谓的专家，并不是绝对的，不要求你在全国范围内都可以称得上专家。这个专家是一个相对的概念，仅限于个人社交圈子所能触及的范围之内，就足够了。

拿调理亚健康这个领域来说，假如你一直在输出这方面内容，你有一个好友 A，在他的微信朋友圈里，看起来你是最懂的，那就行了。虽然这个世界上存在着成千上万个比你更加专业的人，但这位好友 A 并不认识那些人，世界范围内的专家是谁，就算他知道，也接触不到。你在他的微信里，对他来说触手可及，他一定会来问你。

第 2 个问题：以什么形式进行价值输出。

自明星的典型价值输出形式就是写文章。一提写文章，很多人就害怕，有没有更轻量化的价值输出形式呢？当然有——那就是朋友圈。

通过朋友圈简短的文字，配以图片，进行碎片化的价值输出，可以说轻松到了极致。每次讲一个非常小的知识点或者小经验，足矣。

写文章，信息更加丰富，而且显得逼格更高，每次写短一点，一千字以内，更有利于你执行，不需要在乎文笔，只要写出来就好。如果实在写不了，那你就发简单的图文朋友圈。

除此以外，还可以运用短视频，用快手、小影等 APP，可以轻松录制短视频，亲自讲解或者演示。这种形式非常好，因为你除了输出了内容以外，还能让微友看到你生动的真容，特别有利于信任的建立。

第 3 个问题：如何成为专家。

你可能无法成为一个大专家，但是成为小专家，却非常简单。

任何一个领域，你都可以找到其他真正的专家，或者专业的论坛，你可以看他们的文章，学到了知识以后，加以提炼归纳，变成自己的语言重新说一遍就可以了。

若想更进一步，还有一个经典的方法：**先找到这个领域的 100 个问题，然后再找到这些问题的答案，你就成了小专家了。**

你想想，100 个问题，一天说一个，够你说 3 个多月的，说完了，再循环一遍，一年循环三遍，作为碎片化的输出，是完全可以的。就算是那些真正的大专家，也并不总是有新内容，对不对？你让他天天说，他也只能是循环着来。

如何找到 100 个问题？我假定你现在其实对这个领域一无所知，那么首先去百度，搜索这个领域的主关键词加上一些提问式的长尾词。如果你理解不了这些术语，那我还是来举例说明。

例如：美发、头发保养这个领域。主关键词是"头发"，你就搜"头发 为什么"、"头发 怎么办"、"头发 如何"，等等，然后你就会看到别人提出过的 N 多个问题，你把这些问题收集记录下来。然后，再整理这些问题的答案。花不了多少时间，你就能建立一个针对该细分领域的知识库。

接下来，就要运用到我上一篇讲的内容规划了，你要把这部分内容纳入你的规划。你的内容就变成了以下四个部分：

1. 广告内容

2. 生活内容

3. 互动内容

4. 轻自明星价值输出内容

对于价值输出的内容，例如你可以这样规划：

每天发布一条图文朋友圈；

每三天发布一篇千字以内的短文；

每周发布一个短视频。

素材来源呢，刚才已经说了，包括别人的文章，以及你自己建立的知识库。

这样一来，有条不紊，工作量并不大，非常轻松。只要你持之以恒地这样去做，就能在你的社交圈子里建立专家形象。而这个专家形象将给你带来巨大收益。

咱们做最坏的打算，就算你的微友并没有仔细看你的内容，起码他也经常用余光扫到了你：这个人，又在传授知识了。那么他就会形成一个印象：你在这方面很在行！下次，当他对这方面有需求了，他必然就会想到你，这时他也许直接找你咨询，也许先认真看一看你输出的内容，打开你的朋友圈一翻，发现你每天都在做，内容也还不错，他就会折服。毕竟，你是他认识的人当中最懂的一个。这时候，成交已经是一件完全没有难度的事情了！

要达到这样的效果，需要多长时间？一个月就够了。你想不想马上开始？

五、私聊互动与群发广告的正确姿势

前文说过，朋友圈互动，是一种轻互动。微商要做熟客、交朋友，一对一私聊是必不可少的。

然而你真的会聊天吗？

很多人感到与陌生人私聊很困难，自己内心有很大的障碍，觉得无话可说，或者信息发过去了得不到对方的回应。出现这些痛苦，都是因为你没有一个正确的理念，也没有正确的方法，导致你与陌生人的交友过程十分艰难。

学会了我的方法，你就可以打破自己的障碍，变得勇敢和思路清晰，与陌生人聊天就会十分简单、轻松，对方回应率更高，有更多机会获得好友。

本小节的内容包括以下五个部分：

1. **私聊的三种目标。**

第一种是刷脸，引起微友的注意。这个适用于那些很少交流的弱关系好友，甚至是死粉。通过简单的私聊，露个脸而已，让他对你有个印象，这样也许他下次遇到你发的朋友圈还能多看两眼。这个目标非常小，单独拿出来说，就是为了提示你，不要企图通过一次聊天达到太大的效果。所谓欲速而不达。

第二种是强化关系。通过 20 分钟以上的深度聊天，彼此交换信息和观点，取得思想或情感上的认同，或者为对方提供帮助，从而加深关系。

第三种是宣传，宣传产品、服务，或你的价值输出内容。为什么要通过如此强势的途径去做宣传？难道不会有强行推销骚扰好友的嫌疑吗？之所以要这样做，是因为朋友圈和群聊的信息送达率都并不高，你发了信息，多数人看不到，看到的是少数。有些情况下（例如重大促销活动），你希望尽量多的人看到你的信息，那只有采取私聊的方式才能获得最高的送达率。而我要教你的，是如何把骚扰做得更加得体，降低反感度。

2. **如何破除害怕与陌生人私聊的心理障碍？**

我既然敢提这个问题，那就一定是有方法。这个方法非常简单，两个字：**去聊。**

每个人都知道：人的思想指挥行动。但是很多人没有发现，人的行动也能改变自己的思想！

从 20 多年的实践中我深刻体会到，当你认为某件事是应该做的，却没有做好思想上的准备，或者有着各种各样的心理障碍的时候，只需要强行命令自己去行动，这些障碍很快就会自然瓦解。

例如地推，我在第一次出去地推之前，也是非常纠结，不愿意去，但是强行让自己去做了，两次以后，障碍就消失得无影无踪，反而觉得地推非常有趣，甚至上瘾。

例如私聊，现在如果你害怕私聊，那么你就强行命令自己去挑选 10 个陌生人，去和他聊嘛！反正是陌生人，你在他身上没有任何投资，聊的好不好都无所谓，不爽了你骂他都可以呀，大不了互删，还能有更大的损失吗？

3. 在微信上开启一次私聊有四种典型的契机。

（1）刚加上好友，马上去打个招呼。

这又分两种做法，一种是你先快速浏览一下他的朋友圈，知己知彼之后，再去打招呼；另一种是你设计一个简短的文案，例如自我介绍，或者询问对方的某些信息，你把这个文案存在输入法的快捷短语里，每次新加上好友都发这个，或者你也可以设计两三个文案，根据不同的情况选择你认为合适的一个发过去。

（2）从朋友圈的互动，转向私信交流。

例如你看到别人发的某条朋友圈，你觉得有的聊，可以直接私信他，也可以先在评论里对话一个回合然后再私信，对方发了朋友圈以后得到如此"隆重"的回应是很开心的。或者你发的某条朋友圈，别人给你评论了，就比如你发的是个广告吧，有人评论问你些什么，你都可以马上过去私聊，积极主动是应该的。

（3）从群聊转向私聊。

这和从朋友圈转向私聊一样，本质都在于你要积极发现私聊的契机，并积极去使用这个契机。为了聊天而聊天，这也是一种可敬的职业精神。会做生意的人都懂得交友的重要性，现实中你可以主动去结识某个人，在微信上是同样的道理，越积极的人越成功。

（4）主动群发信息。

这个其实是一个"不是契机的契机"，本来你们没有任何互动，既不是刚加上好友，也没有在朋友圈或群里互动，没有任何理由，你硬创造出来的聊天机会。

4. 群发私信的错误方法和正确方法。

现在因为我的微友比较多，每天都会收到大量的群发私信，他们用的方法可以说 99% 都是错误的。

我总结几个典型的错误：

（1）发一大段文案，精心雕琢，洋洋洒洒。结果：没人看。

（2）一篇文章甩过去，还配了一段推荐语。结果：没人读。

（3）一张图片发过去，设计精美，还带个二维码。结果：没人理。

错在哪里了？还是那句话：欲速而不达。你这样发私信，连个招呼都不打，人家一瞄就是广告，就不看了。

就是这些错误的方法，还有大量的人在天天发，说明什么？说明有一定的效果，不然他们就不发了。连错误的方法都有效果，如果你按我的方法优化一下，那效果就会放大好几倍。

群发私信其实有两种类型的目标，一种是追求成交（包括让人点赞、阅读文章等，也可以算一种成交），另一种就是通过群发私信开启一次私聊互动。大多数人群发信息，都是追求成交的，我先说一说以互动为目标的群发应该怎么操作。

要领有两点：

（1）第一条文案，一定要：短！

（2）要求对方做出的动作，一定要：简单！

你的文案短，对方才能瞬间完成阅读。一大段文案读起来太累了，大多数人会放弃阅读，一句话的短文案，不超过 20 个字，读起来轻松，就会大大提高阅读率。

有的人群发私信要求对方做自我介绍，这简直太难了，人家还要思考，还要打好多字，基本都会放弃回应，心里还想：我凭什么要向你做自我介绍？如果采用红包诱惑，确实会提高回应率，你要是觉得这个成本值得，那也可以这样操做。

简单的回应动作是什么？如果对方只需要回复一个数字、一个字母，或者两三个汉字，那就是一个足够简单的要求。

例如前两天我做过一次清理好友的动作，我是这么干的：

打开微信通讯录，点击 A 字头的第一个好友，进入私聊界面，给他发了一句话：

"Hello，我正在收集处女座好友，请问你是处女座吗？"

然后长按这条消息，选择转发、多选、从通讯录选择，批量转发给后面 9 个好友，然后再转 9 个、再转 9 个……大概转发 5、6 批，也就是 50 个人左右。这时可能已经收到几个回应了，我就会用笔写下后面一个好友的昵称，然后去回复那些收到的回应，回复完了，再继续转发。

我之所以采用手动转发，是为了看到那些发送失败的提示，我好把这些已经删除我的人删掉。如果采用微信自带的群发助手，就无法方便地看到提示。

这条文案很短，一看就不是广告，意思特别好理解，瞬间就看懂了。并且回答只需要1个字"是"，或者2个字"不是"。这条私信发出去，回应率很高，感觉上有30~40%，其中有的还饶有兴致地和我多聊了几句，甚至还挖出一个相谈甚欢的。

有的人清好友，采用拉群的方式，拉不进来就是已删除你的，还有的发一段看似煽情实则虚情假意的文案，或者简单一句"清理死粉，勿回"。其实，这些做法都白白浪费了一次互动的机会，还显得你态度冰冷。明明可以让他回复，你还要特意强调一句"勿回"，潜台词不就是"其实我不想跟你聊天"吗？

再强调一遍群发私信的文案要点：**字数要少，要求对方做出的动作要简单**。

5. 群发私聊导向成交的两个策略。

刚才说的那种私聊，目的仅仅是互动，增进相互了解、增进感情，或者单纯刷个脸。那么要想通过主动私聊来促进你卖货，该怎么操作？我给你两个策略。

第一个策略：主动出击，发现潜在需求。

朋友圈发广告，送达率有限，而且许多人虽然看到了，但是没有做出进一步的动作，来找你咨询。主动私聊，就是为了解决这两个问题，从你的微信好友中去发现那些潜在的需求。

硬广硬发，典型的做法就是把产品宣传图和文案直接甩过去。这个做法非常错误，原因有二：1. 阅读率不高，2. 引起反感，不具有可持续性。往深里说，你没把别人当人，也没把自己当人。在你眼里，对方不是人，而是一个消费者，你自己也不是人，而是一个广告机器。

当初我们卖王通老师的签名版《通知》，有人按我的方法操作，一天卖了30多本。我团队有一位粉刷匠伙伴，只有100多个微友，她用这个方法卖出了7箱坚果。也有的CEO，用这个方法招到了粉刷匠。

其实需求就在那里，客户就潜藏在你的微信通讯录当中，只不过，他们没看见你的广告，或者由于各种原因一时没有找你咨询。你通过主动出击，去发现这些需求，并满足他，成交就达成了。而对于那些没有需求的人，你发给他的信息只是一种得体的、合理的询问，并不会引起反感。

如何达到这种效果？

方法非常简单：把广告文案变成聊天。

例如你要介绍乐颜莉斯色彩发膜，整段的文案可能需要很长：

"这是一款能把白头发染黑的发膜，它是发膜，而不是染膏。它本身的用途是滋养头发，给头发用发膜相当于给脸用面膜，只是在滋养头发的基础上，它还具备了染色功能。传统染膏都是化学上色，虽然持久，但发质和头皮都会受到伤害，甚至有致癌的风险。而我们这个发膜与传统染膏相比，它最大的优点就是不含任何有害的化学物质，纯植物配方，采用物理上色而非化学上色的方式，给头发补充黑色素。它没有传统染膏那种刺鼻的气味，只有淡淡的清香，使用非常方便，可以徒手操作，染头发而不染皮肤。168元/支200毫升，中等长度的头发可以使用10次左右，每次成本不到20元，建议第一次染发在一周内用3次，以后每2周用一次，就能让头发保持自然健康的黑色，并且顺滑有光泽。"

你看，这是很大的一段文案，也许你懂得标题的重要性，为了增加微友阅读文案的概率，你还在它前面加了一个小标题："你家有人长白头发吗？"

虽然你的产品很好，虽然你急于让潜在客户了解它的诸多优点，但是这样发过去肯定是不行的。

把文案变成聊天，机会就大大增加了！

群发的第一句话，仍然要遵循前面说的两个原则：短小、回应简单。

所以群发只发这一句："你家有人长白头发吗？"

这句话，也许能够看出商业意图，但是没关系呀，仅仅是一句很平常的询问，既没逼他马上买，也没要求他阅读大段的文案，就算他看出你打算推销产品，也不至于太过反感。

然后对方就会回答你：有，或者没有。在实测中，这个文案的回复率似乎比"你是处女座吗"还要高，我也是奇了怪了，难道是因为人们对白发染黑的需求太过巨大？

接下来，你就可以问他：染发吗？

他回答：染，或者不染。

染，你就问他，怎么染的。不染，你就问他为什么。

接下来就会引起传统染膏含有害物质的话题，然后你就可以向他推荐这款"最大特点就是安全，孕妇都可以用"的染色发膜，并配以使用前后效果对比图。通过这种环环相扣的聊天式介绍，能很大程度降低微友对你产品介绍的排斥，这些人当中就会有人对这个产品感兴趣。你打字、发图、发语音，给他耐心介绍，甚至提供"不满意退款"的承诺，就会成交。

看到这里，有人说城市套路太深了，他想回农村。

没关系，加入粉刷匠一件代发，靠手机赚钱，回农村也可以做微商。

其实这不是什么套路，只是找到了一个更得体的方式去发现需求、介绍产品。具体的每一步的沟通，需要你自己精心雕琢，反复优化。以我的经验，一套话术从开始使用到优化成熟，需要进行 20~40 次微小的修改。你可以把每一句话存储在输入法快捷短语里，这样可以大大减轻你批量私聊的压力。

群发私信追求直接成交，是证实可行的，我在测试中已经卖出了好几支发膜。把大段文案变成聊天，是这个方法中的关键！

有的人准备了大量的图片素材，甚至还写了成文的销售信，但是推介产品的心情过于迫切，把这些好素材一开始就发给微友，这样做就错了。

整个聊天过程，第一句话的目标，是引起对方的回复，这是最重要的目标，也是唯一的目标，不要加入其它目标。最给力的素材要留到最后，在第一句话与最终放出素材之间的聊天，都是在做铺垫。中间如果对方失去了兴趣，你就要打住，体面地结束对话即可，不要强行发送大素材。

第二个策略：长期侧面熏陶，灌输知识，唤起需求。

我们卖的菜宝宝、护士茶、UDO 油、益生菌，都是健康类产品，需要客户对健康有足够的重视，还需要对相关的背景知识有一定的了解，这就需要有一个客户教育的过程。

运用上一篇讲的"轻自明星"策略，在朋友圈进行持续的输出，可以达到这个目的。不过朋友圈仍然是有一个信息送达率的问题，并且朋友圈信息是一种广播式的发布，有时候读者潜意识里会觉得事不关己。私信是一种更强势的信息送达，我们可以运用私信群发，来唤起微友对相关健康问题的重视和认知。

例如菜宝宝，主要解决蔬菜、水果的农药残留，肉类中的激素、抗生素残留。群发私信可以采取调查的形式，让微友做一个选择题，例如：

Hello，做个调查：你认为蔬菜的农药残留对人体有害吗？

A. 有害

B. 无害

C. 不清楚

再例如：

你知道为什么美国人那么爱过敏吗？

A. 人种差异

B. 环境太干净了

C. 吃了太多抗生素

这样的文案虽然稍微长一点点，但是格式很清爽，仍然是便于阅读的，并且回答起来也非常容易，只需要输入一个字母即可。他回答了以后，你可以给他发一小段文字，简单解释一下这个小知识，并感谢对方的回答。然后要不要继续聊均可，直接结束对话也行。

微友收到你这种莫名其妙的"骚扰"若干次以后，就会产生两个效果：（1）逐渐唤起对相关问题的重视；（2）意识到你在这方面懂得比较多。进而他有可能会去关注你朋友圈里发的内容，我们这个侧面熏陶的目的就达到了。

六、微信群互动的核心秘笈，既能出单，又能培养忠实客户

上篇讲了私聊，这篇讲群聊。

面对手机里的众多微信群，你有没有认真思考过，如何让它们帮你出

单赚钱？

在群里，你是否感到无话可说，难以融入到群聊当中？

即便你聊得很好，你是否又会苦恼于无法将这一成就，嫁接到自己的产品上？

又或者，你是否感到应付那么多个群聊，给你精力上造成巨大的压力？

玩转微信群的关键是什么？

我认为是：**付出**。

下面我将用四个案例来证明这一点。

案例 1：放牛嫂卖护肤品

放牛嫂，也就是我们微商传媒的总裁，创始人放牛哥的夫人。她从事微商比较早，那时候是在微信上卖护肤品。刚刚起步的时候，微信里只有 70 个好友，却实现了半个月卖掉 3000 元货品的好成绩，到产品卖完，也才陆续加到 200 个好友。在这个过程中，微信群起到了一个引爆的作用。

当时她建了两个群，一个是宝妈群，一个是减肥健身群。建群的初衷并不是要在群里宣传产品，而是增强互动，平时就在群里交流育儿经验和减肥心得什么的。

有一天，一个刚买了她的护肤品的好友在群里说："你这个产品真的挺好用的，我用了一个星期毛孔就小了。"这一句话发出来不得了，马上就有好几个人在群里询问，于是当天又成交了好几单。

这个事件并不是设计出来的，之所以能够发生，完全是因为她经常在群里解答别人的困惑，细致耐心，从而赢得了群友的好感。在这样一个气氛和谐、群友对她认可度很高的群里，有人主动替她做了见证，这个营销威力是非常强大的。

案例 2：粉刷匠的团购群

我的团队中有一位粉刷匠，她搞了一个团购群，这个群对于群员有两个价值：

1. 能便宜买到好东西

2. 自己的产品也有机会在群里组织团购

她制定了一套规则，什么样的产品可以组织团购，通过审核就可以开团，别人的团购，她并不会从中获利。由于她处事公允，对待大家真诚友善，在群内获得普遍认可，当她自己开团的时候，响应度也很高。当然，开团不能总是同一个产品，结合上微商传媒产品多的特点，就很好玩。

一般的群，我是建议你永远不要主动宣传产品，除非别人替你宣传，就像放牛嫂的那个群一样。而这种团购群，主题本身就是购物，就不必避讳产品宣传。表面上看，这个玩法好像只跟产品有关，实际上如果你不去积累良好的人品，也是无法驾驭的。

案例 3：人见人爱的常老板

常老板也是我的团队中的一位粉刷匠，业绩出色，经常成为月度销售冠军。她的群不是自己建的，而是别人的群，她在很多群里都吃得开，我以其中的家长群为例。

家长群，都是幼儿园同一个班级的家长，这种身份的共同性虽然能够带来一定的信任基础，但没有足够的付出也是不足以带来销售的。例如，我在我儿子小学的家长群里极少说话，就从来没有家长来找我买东西，其实他们连加我好友都没有加。

而常老板是怎么做的呢？还是那两个字：付出。

她经常在群里跟家长们聊天，班里有什么杂事需要出力的，她都主动承担，替大家服务，因此赢得了其他家长的感激和信任。所有家长都加了她好友，加好友以后就会关注她内容丰富有趣的朋友圈，看见广告了，自己有需要，就会买买买。没办法，人品好，真的是卖啥都有人买，太任性了！

以上三个案例，都是真实发生的，她们共同的特点就是：

1. 在群内非常活跃

2. 为别人带来好处

其实微信群是干什么用的呢？请你牢记我提炼出来的这句话：

微信群的作用，就是让你公开展示你对别人的付出，从而放大你付出的价值。

请你再反复读几遍：微信群的作用，就是让你公开展示你对别人的付出，从而放大你付出的价值。

假如一个群里有200人，你不可能有机会单独把每一个人都帮助一遍。也许其中有20个人接受到了你的帮助，如果没有微信群这样一个场所，其他180人是无法知道你的付出的。

但是有了微信群以后呢，虽然你并没有直接帮过另外180人，但他们看到了你对那20个人的付出，也就看到了你的人品。

也就是说，你的付出，在微信群里得到了放大。

下边一个案例，是我结合这一思想给别人出的策划。

案例 4：包工头的客户群

最近我在装修我本地的微商传媒体验店，有一次和包工头聊天，聊到了他的业务。这个包工头姓蒋，以下称蒋工。

我们知道，很多生意人，在完成交易以后，是非常不希望客户再麻烦他的。装修也是这样，完工以后，客户最好不要再找我修修补补，如果找了，也是能推就推、能拖就拖，后续服务非常的不情愿。

而蒋工不同，他给我讲了他服务一些客户的故事。

曾经有一个客户，装修好了二三年以后，洗衣机那个位置的水管漏水，他就给帮忙维修，起初找不到问题所在，前前后后跑了 20 次，最终才完满解决。他的态度呢，并不是推三阻四，而是很愿意去服务，甚至可以说是非常珍惜这样的机会。是的，在他看来这不是麻烦，而是"机会"。

也有一些工装的客户，他路过客户的店面，都会进去问一句：有没有什么要修理的？客户会笑着说：没有，有的话我就给你打电话了。

他服务好了这些客户，虽然他们短期内未必有机会再找他装房子，但是口碑这个东西厉害得很，老客户介绍新客户，现在他并不愁客源。

我给他出了一个什么主意呢？

我说，你对于单个客户的付出很大，也收到了回报，但是这个回报其实还可以得到放大。你的客户，并不是每个人都会找你进行后续服务，有的可能是不需要，有的可能是不爱麻烦别人，实际上能给你机会让你服务的是少数。那么你对于部分客户的辛苦付出，如何让其他客户也知道，从而让他们认识到你这种尽心尽力的服务态度呢？

蒋工说，是啊，这也是我的苦恼。

于是，我就建议他建立一个客户群，在征得客户同意以后把客户拉到群里来，理由就是：让大家监督我的售后服务，有任何维修方面的需求，请大家都在群里说。

　　这样一来，服务一个人，就等于服务了所有人，因为所有人都能见证你的辛苦付出，于是这个付出也就得到了放大。投入同样的成本，以前是讨好一个客户，现在是讨好一群客户，是不是非常超值？

　　社交营销时代，无法频繁地与客户、准客户发生关系，是非常遗憾的。

　　粉刷匠卖货赚钱，需要经营人品，经营口碑。一对一的付出，效率不可谓之太低，但如果你能通过微信群这样一个工具，将你的付出放大，那真是一个事半功倍的妙策！

　　现在，你知道该如何玩微信群了吗？

第四节　微商成交三大妙招，显著提高转化率

一、最简单的成交话术，大大提高咨询转化率

关于成交，其实前面的章节已经写过一些。

1. 执行"轻自明星"策略，可以为你的成交打下良好的基础，大大降低咨询、买单环节的难度，甚至让客户追着你买。

2. 主动出击，通过私聊发现潜在需求，可以增加成交的机会。

3. 良好的微信群互动可以高效率地为你积攒人品，群内的口碑见证则可能引发小规模的爆单。

之所以还要单列章节写成交，主要是为了解决当潜在客户向你咨询，如何提高成交率的问题。

有的人不善言辞，不掌握基本的话术，明明意向客户已经前来咨询，却莫名其妙地无法成交，让本来可以成交的单子飞了。

本文要介绍的话术，就是一种说话的策略。掌握了这个策略，可以大大提高你的咨询转化率，也就是说，假如以前 10 个意向咨询你能成交 1~2 个，运用这个策略以后，很有可能你可以成交 3~4 个。

这个策略实在是太简单，简单到只有两个字：提问。

很多人不会提问，只会介绍。微友一来咨询，你就把产品各种好处介绍一遍。

要么就是什么也不会说，光等着人家问你，问你一句，你说一句，他不问了，你也就没话了。

这样都是不对的。你一定要学会提问。

问什么呢？

随便问！有什么问什么，不管有没有必要，只管问！！

他来咨询乐颜莉斯色彩发膜，你问他：以前染过头发没有？用什么染的？有没有过敏或者其他不好的地方？你的发质怎么样？爱掉头发吗？有没有用过发膜来保养头发？你是什么星座的？

他来咨询护士茶，你问他：哪不舒服啊？有什么指标不对的吗？睡眠怎么样？爱不爱感冒？平时有没有运动？每天喝多少水？体重多少？属什么的？

他来咨询米微净水机，你问他：平时喝什么水？做饭用什么水？当地水质怎么样？家里几口人？用没用过净水机？家里有过滤壶吗？家里老人高寿啊？

不管你说什么产品，我都可以很快给你编出一堆有用没用的问题，别说功能型产品，就算是个吃的，也可以问。

例如他来咨询黄桃罐头，也可以问啊。家里有小孩吗？有老人吗？爱吃什么水果啊？老人有糖尿病吗？亲，你会不会做蛋糕？不会？水果沙拉总会吧？哎哟我告诉你黄桃酸奶沙拉可好吃了！

通过提问，可以起到三个非常有利于你成交的作用。

1. 你能了解大量关于他的信息，后边的对话，可以更加有的放矢，提高说服力。

2. 他认为你了解了大量关于他的信息，那么你给他的建议，就是针对他的特定情况给出的建议，比泛泛的介绍更可信。

3. 聊多了，感情就近了。这就是为什么每一组问题后面我都缀上一个看似开玩笑的与产品毫无关系的问题，意思就是提示你，要在聊天中拉近感情。

综合这三种作用，就会发生一个奇妙的现象：自我成交。有时候你只是问了他一堆问题，然后什么结论性的说辞都没有，你问完了，客户就付款了。

再说说成交主张。

什么叫成交主张呢？你可以理解为是给客户提出一个有关成交的"方案"。在付款前的最后一步，就是提出你的成交主张。

刘克亚老师说：你卖的不是产品，而是成交主张。

例如，你卖的是 AUN 防臭袜，你说："我们都卖 138 一盒的，125 给你算了。"这也算是一种成交主张，但显然这是一个很糟糕的主张。

那么如何设计成交主张呢？

套路有很多，有的套路比较深，新手难以驾驭，我推荐两个最最简单的。

套路 1：有条件的让利。

刚才说的"本来卖 138，给你算 125"，这叫无条件的让利，是坏主意，让利让得太轻易，让人觉得你的产品不值钱。

有条件的让利怎么说？就是要你设计一个条件，这个条件必须比较容易办到，同时又看起来好像很有意义（或真的很有意义）。

例如，"你帮我转发一篇文章到朋友圈，就按 130 元一盒给你，两盒 250。说不定别人看了文章还会来找我买东西。"

你也可以让他转发你的图片、二维码，也可以让他把文章转发到 3 个微信群，或者你让他夸你长得美也行。条件只是一个幌子，让他觉得这个优惠是他的付出换来的，这样就比较公平合理，他拿了优惠也能够心安。

套路 2：零风险承诺。

"袜子拿去穿，如果脚臭没有显著改善，我退你全款，袜子也送你了。"

" 大卫博士内裤，你收到以后先打开一条试穿，如果不满意，另外两条只要没打开，就可以退货，那条已经打开的送给你了，还退你全款。"

当然，如果这个零风险承诺不是厂家提供的，而是你自己提供给客户的，那么你要承担一定的风险，因此有些人不敢做出零风险承诺。

我的观点是：**你可以大胆去承诺。**

理由：

1. 产品靠谱，发生退货的几率很小。

2. 客户真的不满意了，你履行承诺，这是对你个人形象的加强，对方会有信心再次找你买东西。

3. 如果确信是客户无理取闹、吹毛求疵，那就当是帮你过滤出了恶劣客户，以后不和他做生意就是。

有条件的让价、零风险承诺，这是在卖货中最常见也是最简单的成交主张。你可以循着这个思路，去给你卖的每个产品设计一些更加精彩的成交主张。

本文讲的方法，很基本、很实用、很简单，并且我相信，它们一定能帮你显著提高咨询转化率，帮你出更多单、赚更多钱，因为这都是我多年生意实践过来行之有效的方法。但是，在你掌握了这些成交技巧以后，熟练运用了以后，我希望你能逐渐淡忘它们。

天下武功臻入化境，都要回归本质，无招胜有招。真正的成交技巧，是服务。

二、做好服务：微商必须懂的核心用户策略

做微商，最核心的就是做好服务。在如今以用户为中心的时代，任何商业的核心其实都是服务好用户。几乎所有人都知道，服务很重要。但是为什么你一直没有真正把服务做好？很可能是因为你并不真正明白，为什么服务如此重要，为什么做好了服务生意会越来越轻松，为什么做好服务能让你赚越来越多的钱。

做服务，是一个老生常谈。从当年我做淘宝的时候起，大家就都说要做好服务。无论是小白还是大咖，都会声称：要做好淘宝店，一定要做好服务。

真的吗？

事实上，他们真正关心的都是产品和流量。玩流量的高手会说，关键是产品。玩产品的高手会说，关键是流量。

我才发现，"做好服务"是一个谎言。

这也不怪他们，因为那时候缺少微信这样一个很好的工具。

做微商，其实也需要流量，产品也在更迭。不同之处在于：微商的流量可以存储，即使你能获得的流量很小，只要用心做好服务，也能收获很大。

存储的是什么？用户。

收获的是什么？还是用户。

做微商，一定要懂用户思维，一定要设法积累用户，把普通的用户变成"核心用户"。

下面通过一个小故事，好把这个道理说得更通俗一点。

张三开了一家淘宝店，每天的流量只有几十，有时一天成交一两单，有时一单都没有。后来他苦心研究通过淘宝搜索优化获得流量的方法，每天进店人数涨到了四五百，成交数也变多了，每天能成交 8~10 单。有一天淘宝搜索排名突然规则改变了，流量又下滑到 100 多，张三很苦恼，决定开直通车，每次点击成本 5 毛钱，烧一烧，貌似还是值得的。又过了没多久，烧直通车的人多了，流量成本水涨船高，达到了 2 元一次点击，不烧，没生意；烧了，不赚钱。一气之下不做直通车了，流量再一次一落千丈，而以前成交过的客户也很少有人回头。

这就是追逐流量的痛苦。

李四没有做过淘宝，也不懂得啥叫流量，他做了微商。微商的主要工具就是微信，李四很笨，每天在缓慢地加着好友，一天能加上 10 个人。好在他比较有毅力，这样坚持了半年，加了近 2000 个好友，其中陆陆续续成交过的也有 100 来人了。李四是个厚道人，对待客户又热心，这 100 个人时不时还会来找他买东西，偶尔还有人给他介绍新客户。李四半夜算了个笨账，现有好友当中，他应该还能成交不少人，而且还可以加更多新的好友，他觉得这样积累下去好像赚钱真的会慢慢多起来。

这就是存储了用户的好处。

那什么是核心用户呢？

还说张三，这是另一个张三，他开了一间肉铺，每天在固定地点卖肉。这个张三也挺厚道，肉好，分量给的足，时间长了，也积累了不少熟客，每次都找他买肉。但是张三并不满足，他是一个有雄心的人，现在日子过得虽然还不错，可是总也无法起飞。有一天一个叫秦刚的高人告诉他要找到核心用户才行，生意有机会做大。怎么做呢？张三也不会什么高招，他就每天跟买肉的人多聊几句，除了聊肉，也聊点家长里短，甚至偶尔可以聊到人生和理想。聊的深了，交心的朋友也多了，其中有两个人，一个叫刘大，一个叫关二，也是有雄心抱负的人，决定跟张三合伙，开一家创业公司。

这就是核心用户。

核心用户给你带来什么？更多次的买单、带来更多客人、提供资源、甚至合作。想象空间还是蛮大的。

获得用户、把用户变成核心用户，都是靠服务。那么如何做好服务呢？

咱们先来界定一下，什么是服务。

服务包括售前服务、售后服务。售前服务包括疑难解答、产品咨询，还有价值输出，还记得前面章节讲的"轻自明星"吗？那也算服务。售后服务包括及时反馈快递单号、提醒收件、叮嘱使用方法、询问使用效果、疑难解答、退换货等等。

其实还有一种服务，介于售前和售后之间，那就是成交。成交也可以视为一种服务，那是你向好友推介了适合他的产品并帮助他完成购买，节省了他大量时间，回避了购物失败的风险，这不是一种服务吗？

上一篇讲成交技巧，最后我说，希望你把技巧运用熟练以后，能够淡忘技巧，天下武功臻入化境，都要回归本质，无招胜有招，真正的成交技巧，是服务。

售前是服务，售后是服务，成交是服务，价值输出是服务，陪聊也是服务，归结到一起，微商的服务就是交朋友。

交朋友。

忘记成交，一心服务。

忘记服务，一心交朋友。

这个就是境界。

你会不会交朋友？交朋友需要你诚心、热心、付出，对吗？交朋友是比较慢的，比到网上胡乱抓点流量要慢，不过反正眼下你也并没有到揭不开锅指望微商赚钱吃饭的地步，慢慢交一些好朋友，还是很可以操作的。

提到操作，似乎还是应该讲一点方法。前面一直在讲理念，没有讲方法，因为如果交朋友这件事也要剖析出具体的操作方法、标准化流程，那就不对味了。如果理念对了，我相信你会自己找到方法。

我讲一个策略吧。

前文关于微信群互动，我给了 4 个案例，这 4 个案例有一个共同点，那就是他们特别积极为别人提供价值。

既然为别人提供价值这么有用，那你就多多提供呗。

这个策略就是：

寻找一切机会，为别人提供价值。有困难要帮，没困难制造困难也要帮。

举两个例子。

例子 1：售后服务要不要这么积极？

有人买了你的护士茶，下单第二天，你应该能查到快递单号了，你就应该马上把单号反馈给客户。过个两三天，差不多该送到了，你就查一下快递，如果是正在派送中，你就提示客户注意查收，如果已经签收，你就问他一下是不是收到了，提醒他放进冰箱保存。这东西喝法很讲究，喝法不对效果打折，你要再次叮嘱他喝的方法，要多喝水，还要把他拉进用户群，享受专家服务。过个三五天，你就询问他有什么感受，有没有按要求服用等等。

例子 2：你的专业能造福更多人吗？

如果你有一技之长，或者在某些方面知识储备较多，那么除了按我之前说的"轻自明星"策略进行价值输出以外，也许你还可以为你的微友提供一些特别服务。例如你会 PS，你可以提供一个恶搞照片服务，每天一个免费名额；例如你会看相算命，你也可以在朋友圈里发布你的免费服务信息，就当做娱乐。

甚至于你就逛朋友圈，睁大眼睛寻找别人的各种需求，然后去满足它。

每一次的服务，以及成交，都是一次互动，或者叫发生了一次关系，关系发生的多了，并且每次别人都从你这里得到好处，朋友就交上了。你的付出不会白费，这是能量守恒定律，你大可以放心地相信，如果能量不守恒，宇宙就爆炸了。

寻找一切机会，为别人提供价值。

三、粉刷匠新手如何快速起步，成交你的第一单

也许你是一个微商小白；也许你从来没有卖过货；也许这是你第一次做生意。

面对全新的挑战，你准备好了吗？你有没有热切期盼你的第一单成交？本篇就是要告诉你作为一个新手粉刷匠，如何用最快的速度成交第一笔生意，给你的微商之路开一个好头。

（一）一开始卖什么？

微商传媒对接了很多产品，作为粉刷匠会员，已经拥有了全部产品的一件代发代理权。面对这么多产品，该如何选择？是一股脑的全上，还是从一个单品开始？

我的建议是先选择一个单品。如果你在连续几天当中都在宣传同一款产品，每天三五条广告，当中不掺杂其他产品，这样你的微友会获得更深的印象，有利于你尽快出单。

那为什么我们还要提供那么多产品？

1. 一款产品在你的有限圈子里，在一定时期内会卖到饱和，这时候你需要给微友带来新鲜的东西。

2. 每一个人的需求都是多元的，他能买你的 A 产品，说明你得到了他的信任，那么你也可以卖给他 B 产品和 C 产品。换个角度，一个信任你

的好友，也许他对你卖的 A 产品没有需求，对 B 产品也没有需求，但当你又开始卖 C 产品的时候，他可能就正好有需求了。产品多元，能充分发挥你有限数量的可信任好友的价值。想一想，专做单品的微商真是浪费了许多资源。

3. 每位粉刷匠结合自身的各方面特点，会适合不同的产品，我们给你多个产品，相当于给你好几个项目供你选择，总有一个或几个产品适合你长期深耕。

作为一个新手，你卖的第一个产品怎么选？

无论你有没有特殊的专业背景，我都建议你选择一个单价低的、非常简单的产品。

单价低，客户购买时决策难度就比较低，相对来说他不会思考很多，看着合适，买就买了。

产品简单，一看就懂，不需要你做很多解释，也会降低成交难度。

符合这两个条件的产品，例如黄桃罐头、AUN 防臭袜，就是典型。一个水果罐头，新鲜、好吃、没有防腐剂，一个袜子，穿上就不臭，非常简单就介绍明白了，单价一百多，很容易决定购买。

即使你的目标是卖一些高单价的产品，也可以从这些小东西开始，目的就是通过成交积累信任。

前面章节说了许多获得信任的方法，例如个人形象展示、价值输出等等，而成交本身，也是一种积累信任的手段。他买了你的一个小产品，体验了以后觉得不错，就会认为你靠谱，下次你卖贵一点的产品，他就更敢买。

（二）广告怎么发？

在发广告之前，我强烈建议你先彻底了解你的产品，这包括三项工作。

1. 全面阅读产品资料

2. 自己体验产品

3. 保存一些图片素材

尽管起步产品很简单，但做好以上工作是一个良好的习惯。我们业绩好的会员，普遍具有这个特征，他们对产品了解非常透彻，对客户咨询可以回答得非常专业。

在发广告的时候，建议你亲自代言。图片中有产品，也有你的脸，文案中是你使用这个产品的真实感受，不要浮夸。

另外也可以发一些真实的成交截图和反馈截图，毕竟人都是有从众心理的。有的人相对谨慎一些，当他看到别人敢买的时候，看到别人的使用反馈的时候，会增强他的购买信心和欲望。注意在发这类图片之前，应该先征得客户的同意，如果他不愿意露脸，那你就把名字和头像打马赛克后再发。

除了这些原创广告，你也可以使用我们为会员制作的广告素材，每天都有十几条新素材投放，你选择适合自己的即可。

一些简单的成交案例，具有可复制性，新手可以效仿。

【案例1】黄桃罐头

当初这款罐头刚上架的时候，当天我就卖了4箱。

实际上在上架之前我就已经收到了产品，只是我不知道何时上架，所以只是自己吃了，没有发广告。有一天，产品上架了，当时我正在外面，就简单复制了群里发出来的产品图片发到朋友圈，但是并没有成交。一小时后我回到家，马上开了一罐，让我儿子吃，他边吃，我边拍小视频，连着发了三个，结果马上就成交了3单一共4箱。

吃的东西，非常好卖。天天秀美食吸引关注，你自己吃、孩子吃、老人吃、朋友吃，边吃边秀，你们吃得越香，看的人就越馋，馋了就想吃，想吃就要买。

吃了一段时间以后，我已经审美疲劳了，觉得也不过如此嘛，到底有多好？于是从超市买了以前觉得还不错的黄桃罐头回来对比，说真的，那个超市罐头我只吃了一口，就整罐扔了，真没想到，以前居然还当好东西给孩子吃。这才发现我们卖的罐头真是比超市货强的不是一星半点。我把这个感受发到朋友圈，当天又成交了几单。

【案例2】博柔筋骨棒

这个产品是一种按摩精油，来自国内专业日化大牌，用来舒缓肌肉紧张造成的疼痛和不适。滚珠设计，使用非常方便，很小巧的一支，放在兜里，容易携带。例如肩颈痛，抹上搓一搓，很快就缓解了。价格很便宜，88块钱一支，估计能用半年。

有一位粉刷匠会员，在外出参加户外活动的时候，因为大家徒步累了，还有人崴了脚，他就把随身带的筋骨棒拿出来给朋友们使用，用了以后觉得不错，当场就下单6支。

这是一个体验式营销的例子，其实卖货不一定非要守在微信上，体验与分享，随时随地都有机会。此外还有地推卖货的例子，属于陌生成交，就是拿着这个筋骨棒到棋牌室去推销，现场试用，当场买单，好在产品很小很轻，一个小包包里装100支都富余。

【案例 3】泸州老窖世家小酒

这个案例是纯地推的，新手也可以做，大街上餐饮店多得是，你拿着产品推荐给老板，有的老板不要，有的老板要，碰机会而已。一旦铺进实体店，能走得动货，就成为了你的渠道，虽然需要你把利润放低，但毕竟是别人帮你自动卖货，你多开发几家合作，利润也是可观。

我们给会员成立了一个地推小组，愿意走地推路线的都可以进来，大家交流经验。这样去做的会员已经很多，没有什么特别之处，肯执行，就有钱赚。把老板加到微信里来，联络业务、沟通感情，生意可以长期做下去。

【案例 4】富兰益生菌

益生菌，富兰（FLORA）公司出品，纯加拿大进口，补充有益菌，改善肠道健康。

我本人便秘 20 年了，连续吃了 3 天益生菌，居然就很通畅。我把这个亲身体验发到朋友圈，很快就有人找我买，还是个陌生的微友。当然我要告诉他，不一定见效像我这么快，这个是因人而异的。那个微友买了以后也没跟我反馈有没有效果，我因为忙也把这事忘了（这是不对的），过了段时间，他又来找我买了。复购说明一切，是最好的反馈。

关于这个小案例我说一点题外话。无论卖什么产品，一定要非常靠谱才可以，千万不要抱着骗一个是一个的态度去做，毕竟加上一个好友，让他敢买你的东西，这是很宝贵的。卖给他好的，他能成为你的长期客户，卖给他不好的，就再也不会找你买东西。

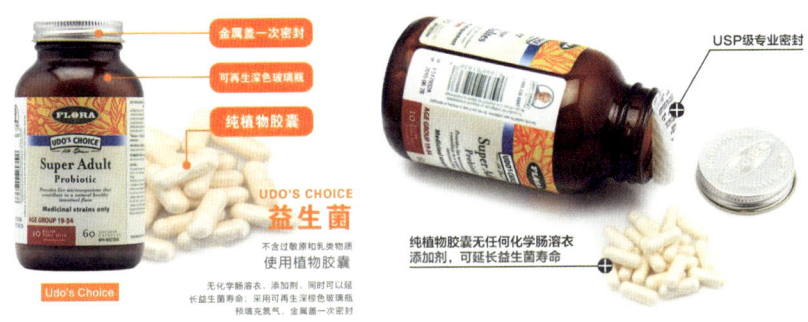

【案例5】菜宝宝

菜宝宝其实不属于新手起步产品，单价4位数，而且要解释清楚的内容还蛮多的，简单讲是去除食材上的农残、激素、抗生素，从终端守卫家人健康。我讲这个案例只是向你展示一个小小的营销思路。

我出单第一台菜宝宝，是在我连续发了十天广告以后，那个微友来对我说：你天天发这些洗菜洗肉的小视频和图片，真是恶心到我了，我考虑买一台，给我详细介绍一下吧。后来就成交了。

这个产品技术很先进，去农残率经检测达到93%~99%，并且还能去除肉类食材中含有的激素和抗生素。如果食材很干净，就啥也洗不出来，水还是干净的水，如果食材里含有那些有害的东西，水面就会出现很多漂浮的油脂状物质或者白色的沫子。尤其是洗肉，我们一般人是买不到有机肉类的，都是吃了大量激素和抗生素的动物，一洗就出沫子，有多有少，反正看起来蛮吓人的。

不管你看了广告以后信还是不信，反正我天天发，因为我自己家里天天用，它已经融入我的生活，我只是展示生活而已，有老婆的家庭谁家不洗菜呢？视觉冲击有点大，天天看，慢慢就会动心，信我，就可以买了。

各种各样的成交案例不胜枚举，在我们的会员群里每天都有许多成交案例分享。成交的案例不仅能给你信心，更能让你学到方法，甚至是直接复制。

鲜活的案例就是最好的教材。人都有总结归纳的能力，案例看多了，自然而然你就会卖了。

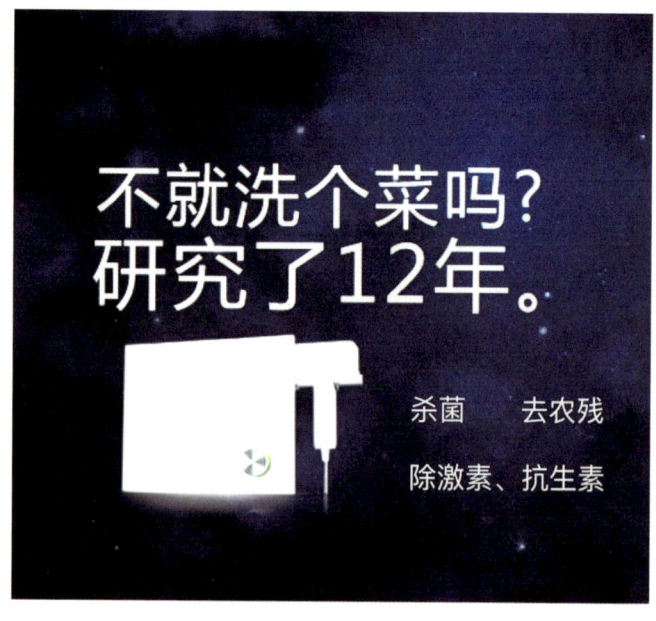

第五节 粉刷匠必备 10 大神器 + 攻心头像

一、微商必会的 10 大神器

工欲善其事，必先利其器。一个做手工或工艺的人，要想把工作完成，并做得完善，应该先把工具准备好。

同样，一个成功的微商要想完成销售目标，并创造更高的销售业绩，就必须先了解和掌握相关 APP 的使用技巧，比如制作出高大上的图片，配上有吸引力的文案，更能有效引发微友互动，最终达成交易。

只有掌握并能熟练运用好这些 APP 的使用技巧，才能体现我们的专业性、提升效率，并在最短时间内得到更多和客户沟通、引导客户下单的机会，进而最终实现销售的目的。

下面我给大家介绍 10 款常用的 APP，以苹果手机为例来进行演示，安卓系统手机操作大致相同。

（一）美图秀秀（图片处理软件）

美图秀秀是一款很好用的图片处理软件，不用学习就会用，独有的图片特效、美容、拼图、场景、边框、饰品等功能。

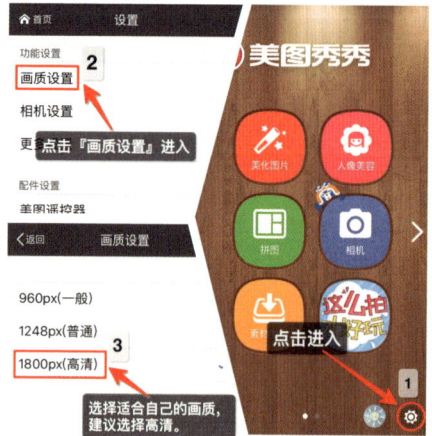

首先，我们去苹果应用商城搜索【美图秀秀】，并下载安装。（安卓系统的手机也是同样到应用商城搜索下载安装）如下图：

接着，打开软件，点击右下角进入并设置。

画质设置，如图：

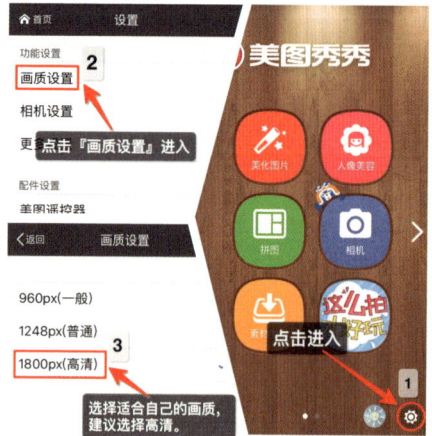

相机设置，如图：

全部设置好之后，我们来看下具体的操作，重点讲解一下美化图片、拼图、旋转图片功能。

美化图片：点击【美化图片】进入，选择好图片，点击【智能优化】，等自动优化完成后，点击保存。

如图：

拼图：随机选择几张图片演示。

点击【拼图】进入，选择需要的图片，点击【开始拼图】，选择好边框和模版之后，点击右上角保存。

如图：

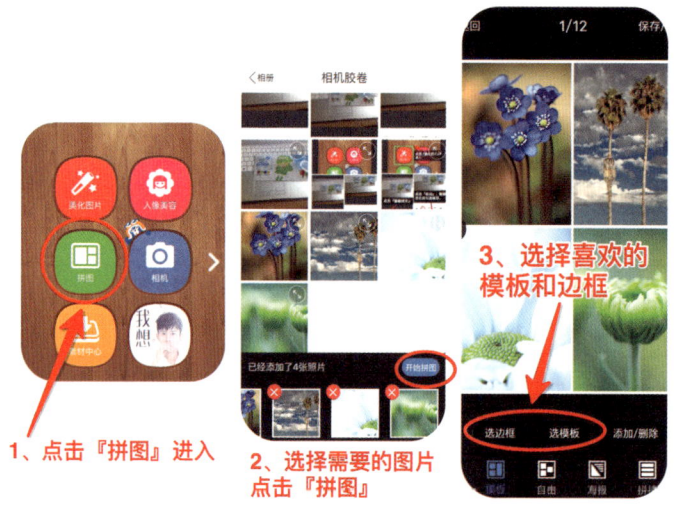

旋转图片：

1.打开美图秀秀后，点击【美化图片】进入。

2.进来后，在手机图库里选择需要旋转的图片，点击下方【编辑】进入。

3.可以根据需要裁剪图片大小，如不需要，则点击【旋转】。

4.根据需要，选择旋转的样式，点击【□】。演示图，我们选择向右旋转。

5.点击右上角，保存到手机图库。

如图：

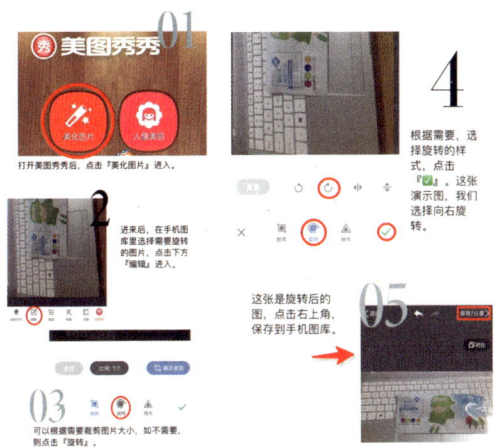

前后对比图：

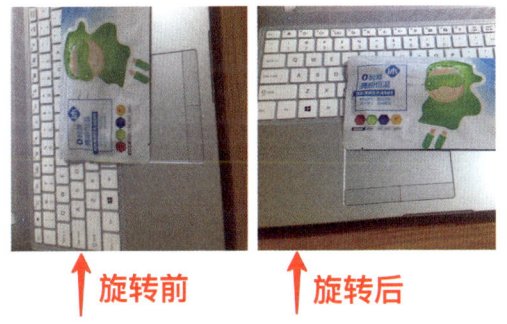

（二）简拼（简单的拼图软件）

简拼是由广州美人信息技术有限公司推出的一款记录美好、抒写情怀的拼图 APP，模板设计风格简约文艺，种类齐全，包含简约、便签、封面、拼接、名片和明信片。同时，强大的文字编辑功能，可以让你发现图片分享的极致乐趣。

首先，我们去苹果应用商城搜索【简拼】，并下载安装。（安卓系统的手机也是同样到应用商城搜索下载安装）如图：

简拼目前有简约、便签、封面、拼接、名片、明信片6种形式的拼图文字编辑功能，如果要使用更多模版，那么在制作图片之前先下载好模版。

先讲如何使用简拼制作电子名片：

打开简拼APP，选择【名片】分类中的模板。如果觉得模板还不够多，可以点击【素材库】，里面有更多选择。确定名片的版式，有竖版和横版两种选择，在左上角切换模板即可进行选择。

根据喜好选择一个你喜欢的模板，挑选你想要制作成名片的照片进行拼图。简拼支持一张或者多张照片。

点击背景，可以调整细节，让自己的明信片更符合心意。背景颜色和花纹都可以进行调整。可以选择保存到【草稿箱】，方便继续进行修改。

如果觉得成品满意，可以选择直接保存到相册。如图：

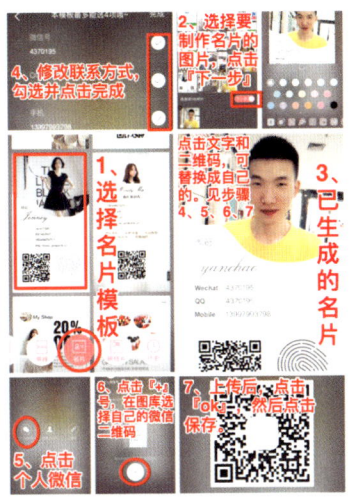

接着讲怎么用简拼制作明信片拼图：

打开简拼APP，选择【明信片】分类中的模板。如果觉得模板还不够多，可以点击【素材库】，里面有更多选择。确定明信片的版式。有竖版和横版两种选择。在左上角切换模板即可进行选择。如图：

根据喜好选择一个你喜欢的模板，挑选你想要制作成明信片的照片进行拼图。简拼支持一张或者多张照片。

点击背景，可以调整细节，让自己的明信片更符合心意。背景颜色和花纹都可以进行调整。可以选择保存到【草稿箱】，方便继续进行修改。

如果觉得成品满意，可以选择直接保存到相册。如图：

其它形式的拼图功能就不演示了，方法和上面讲解的基本一样，大家多去实践操作，就熟练了。

（三）美篇（多图文编辑神器，你的私人公众号）

美篇是一款从图文编辑工具功能出发，基于用户内容分享的的原创图文社交 APP。美篇解决了微博、微信朋友圈只能上传 9 张图片的痛点，支持批量导入图片，逐一配文，急速编辑，并且分享到微信朋友圈等社交平台以后其形成的页面显示样式和微信公众号分享出来的文章几乎一样，轻松让每个用户拥有自己的"私人公众号"和专栏。

首先，我们去苹果应用商城搜索【美篇】，并下载安装。（安卓系统的手机也是同样到应用商城搜索下载安装）如下图：

在开始操作之前，需要先登录美篇。打开美篇，点击右下角【我的】进入，再点击【美篇用户】进入；可以用美篇账号密码登录，没有账号，就需要注册；如果不想注册，可以授权微信快速登录。如图：

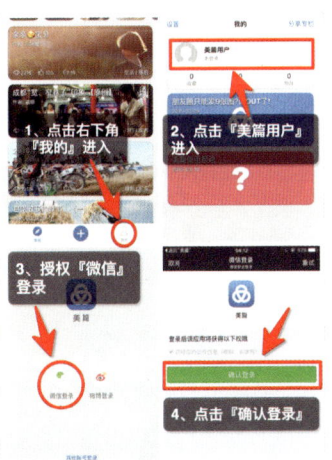

这是我用美篇制作的产品介绍，如图：

下面开始正式的操作：

1. 点击主界面下方的【＋】，新建一篇文章。如图：

2.选择你想要导入的图片，选好后点【完成】。选择图片的顺序就是导入后的顺序。

如图：

3.点击标题区域，给文章设置一个标题。

如图：

4.点击【切换】图标，在已导入的图片中选择一张作为封面。封面图片还将成为分享时的缩略图。如图：

5.点击【音符】图标，可以给文章设置一首背景音乐。因为在上班、深夜等情况下突然放出声音比较吓人，我们建议你谨慎添加音乐。如图：

6.点击图片，会进入图片编辑界面。你可以更换图片，或者对图片进行旋转、裁剪、加滤镜等操作。如图：

7.点击图片右边的区域，可以给图片增加文字描述。文字可以设置粗体、大号、居中、彩色等。如图：

8. 在任意位置点击【+】号，会弹出插入选择框。你可以插入纯文字、图片或视频。如图：

9. 纯文字、图片 + 文字、视频 + 文字均构成一个段落。你可以点击左上角【删除】按钮把段落删除，也可以点击右侧【上】【下】箭头，整体移动段落。如图：

10. 每段文字的字数上限是 500 字，如果不够用，可以新建纯文字段落。美篇支持最多 100 个段落。

（1）每一步编辑操作都会实时保存，你可以随时退出，不用担心内容丢失。

（2）文章编写完成后，点击右上角【完成】按钮，即可进入预览界面，查看文章最终效果。

如图：

（3）预览时，你可以随时点击右上角【编辑】按钮，返回编辑界面修改文章。如图：

（4）点击右下角【模板】按钮，可以给文章设置模板，我们提供了多种效果绚丽的模板供你选择。如图：

（5）如果对文章不满意，可以点击左下角【删除】按钮，把文章删除。注意此时删除的文章无法找回。如图：

（6）预览满意后，点击【分享】按钮，美篇会先询问你是否公开文章。公开的文章，会自动收录进你的个人专栏，并且有机会被美篇推荐。不公开的文章，不会进入个人专栏，也不会被美篇推荐，但别人知道你的文章地址后（你主动分享，或被好友转发），还是可以浏览的，不要在美篇发表过于隐私的内容。如图：

（7）选择好是否公开后，美篇会先把你的文章发布到服务器进行保存，然后弹出分享平台选择面板。如图：

（8）你可以选择相应的平台进行分享。比如分享到微信朋友圈，会是如下图的效果，注意缩略图就是文章的封面图。如图：

（9）标题后面的昵称，是为了与普通公众号文章区别开来，让朋友知道是你自己写的文章。如果不想在标题后加昵称，可以到【设置】-【通

用设置】里面关闭。如图：

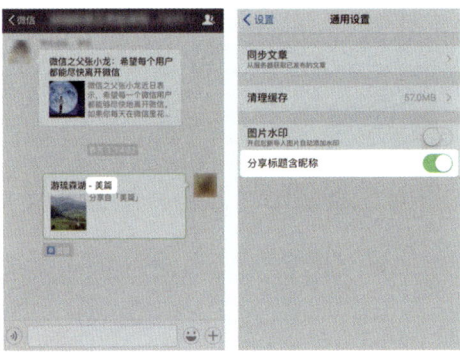

（10）分享时也可以选择【复制链接】，然后在任意文字编辑器里面粘贴，即可查看文章网址。可以在电脑上用浏览器输入网址打开文章浏览，并可以使用浏览器的打印或另存为功能保存文章。如图：

（11）已发布的文章，可以再次编辑。点击右上角的【操作】按钮，选择【编辑】即可。完成修改后，在预览页面点击【更新】，即可完成文章刷新。之前分享出去的文章内容会同步变化，无须再次分享。如图：

（12）点击【操作】按钮后，还可以删除文章，或者修改是否公开。注意！文章一旦删除，已经分享到微信／微博等平台的内容也无法再打开了。如图：

说明：我们可以利用美篇，制作客户见证或者产品介绍等，用于营销效果蛮好。

（四）黄油相机（拍照加字软件）

黄油相机是一款更具个性化的手机拍照应用软件，可以给你的照片加点调料，软件有自带表情的汉字儿。黄油相机 APP，让你的拍照从此变得更有趣、更好玩！

　　首先，我们去苹果应用商城搜索【黄油相机】，并下载安装。（安卓系统的手机也是同样到应用商城搜索下载安装）如下图：

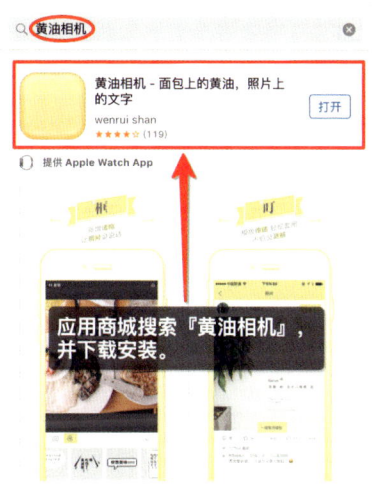

　　第一步：下载安装好之后打开黄油相机，进入到主界面。

　　第二步：进入到主界面，首页这里主要是推荐优质和比较有创意的图片的哦，大家观察别人是怎么排版文字和摆拍的，修一张好图，先从模仿开始，熟练了就可以创新出自己的风格。

　　第三步：登录。按下主界面中的【我的】，进入到登录界面。

　　可以用手机注册，也可以用 QQ 或微博登陆，自行选择方式登录之后就再次回到主界面。

　　第四步：看到界面下有五个选项，【关注】【大家】【相机】【卖的】和【我的】。

　　关注：可以看到你关注的人最新发布的图片。

　　大家：这里也就是首页，都是热门推荐的图片。

如图：

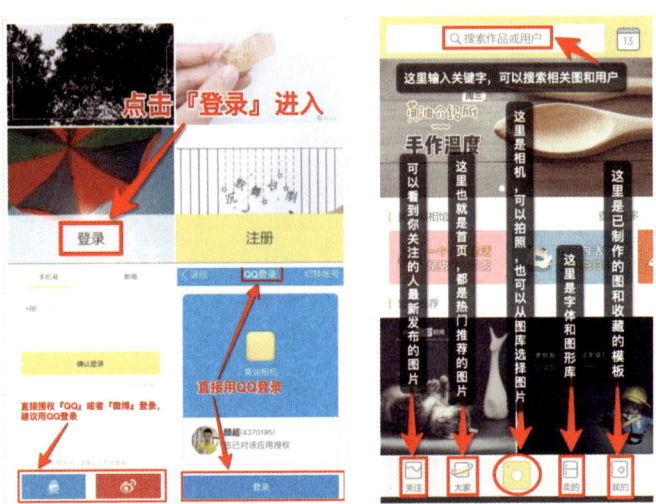

点击【大家】这里也就是首页，可以看到有很多不同的文字编辑过的美图，看到这些文字后期编辑过的图片，如果很喜欢，自己也想用，要怎么办呢？

现在就告诉大家如何使用这些模板上的文字：

第五步：收藏模板（重要步骤之一，后期会用到）

选择一张图片点进去，然后点击五角星，五角星变成黄色了，代表你已经收藏了这个文字模板了。（在后期可以直接应用）

在五角星收藏模板的旁边，还有一个像闪电一样的图案，这个是干什么用的呢！其实点击进去就知道了，点击闪电的图案，就可以直接带着图片上的文字拍照了，但是就不能编辑字体和移动位置。如图：

第六步：应用模板（重要步骤之二）：回到主界面，点击中间的照相机选项，打开之后点击相册选项，在自己的相册中选择想要编辑的照片。打开后，图片是可以随便移动的，可以这样。

图下面有白边，画布比，背景色，旋转四个选项，这些都很好理解，上图给大家看哒，先点击白边之后和点击画布比之后，剩下两个就不用说了哈。这里弄完了之后进行下一步。如图：

1.先看滤镜，之前软件老版本的只有 9 款滤镜，现在软件更新后有 22 款滤镜。滤镜是应用于图片后期处理的，也就是为了点缀和艺术图片画面的效果。大家可以自己试下每款滤镜的风格，我发几种常用的滤镜效果给大家看下，还有其他风格的大家可以自己尝试下。如图：

2.锐化。锐化在滤镜可以让画面更清晰，但是不能使用过度，锐化过度会产生过多的噪点。大家看图对比下，如图：

锐化后清晰度可以提升了很多，锐化是可以调节的，适中就可以了。

3.点击中间的字元素后，有话框，文字，图形。

先看话框。选择一个样式，选择好后，双击，修改文字，编辑好文字，点击确认就可以了，话框可以拉大或者缩小，一切创新皆在于你自己哦！

如图：

　　话框说完了接下来是文字，一张图片搭配不同的字体，风格也各不一样。黄油相机自带 30 多款字体，想要更多的字体可以在商店购买哦。然后字体的右边，是修改字体颜色。黄油相机一直走简约风，所以颜色只有黑白两色。字体带上阴影，可以让字看起来更加立体。

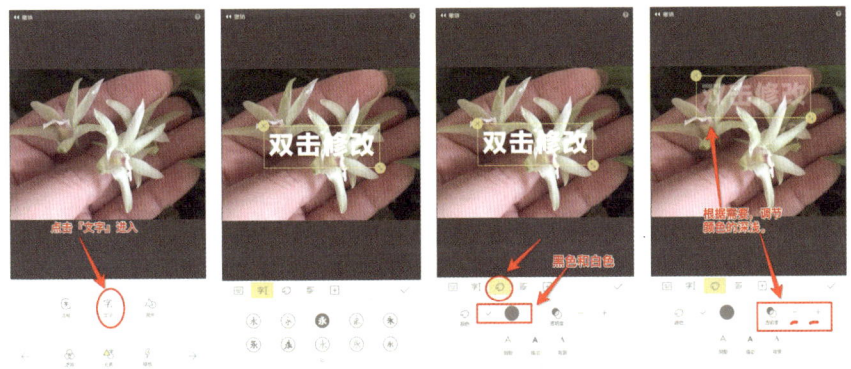

　　接下来看色调盘旁边的几条横线，这个主要是做文字的排版。先看横向竖向这里，这个很简单，大家应该都知道，也就是字体的横排和竖排，看之前是横向，现在点击竖向。

　　左对齐，居中对齐，右对齐是使文字沿水平方向对齐的方式。左对齐使文字左侧文字具有整齐的边缘。居中对齐是是使两侧文字整齐地向中间集中，使整个段落都整齐的在页面中间显示。右对齐使段落右侧文字具有整齐的边缘。

　　下面的行间距是控制段落中行与行之间的距离，也就是上下之间的距离。一号是行与行直接的距离越来越短。+是让两排文字的行与行之间越来越大，字间距是字与字间的距离也就是左右之间的距离。如图：

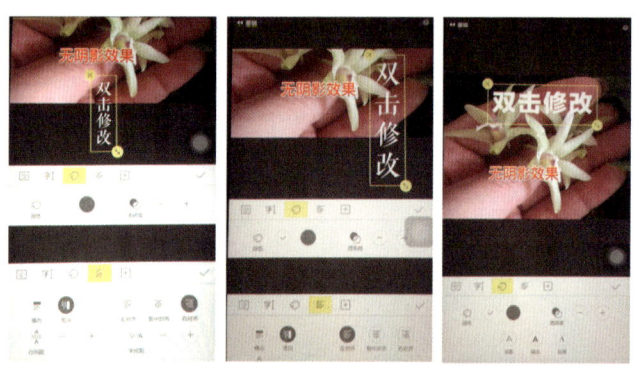

　　点击【卖的】进入，可以购买字体和符号，里面有很多免费的字体，除了付费的都可以下载备用。最后文字旁边是图形符号，可以发挥自己的创意作图，里面有很多选择。如图：

接下来就是非常重要的模板！黄油相机会自带几款常用的模板，不满足想要更多选择的话，可以点击【更多模板】这里。

我的收藏：就是在首页看到可以用到或者比较吸引人的模板，直接收藏，修图的时候就可以直接用到。新版本比之前好的一点是除了【我的收藏】这里可以选择外，多加了【热门推荐】这些，选择模板的可能性更多了。如图：

从这里面选择一个合适的模板后，就可以直接套用在自己的图片上，文字的内容、位置，也是可以修改的。全部都弄好后点击【继续】就可以发布图片了，发布后的图片会出现在你的相册里，如果不希望被展现出来，点击【仅自己可见】这里再发布就可以了。如图：

（五）微商水印相机（批量加水印软件）

微商水印相机是一款在手机端给图片批量加水印的工具，主要特色是可以上传自己的水印图标，批量添加马赛克、画笔、文字、修改颜色、透明度、位置、大小等，是微商保护图片版权、提高图片处理效率的便捷工具。

首先，我们去苹果应用商城搜索【微商水印相机】，并下载安装。（安卓系统的手机也是同样到应用商城搜索下载安装）如下图：

这里重点讲解批量加图片水印，其他的功能就不做演示了。

首先打开微商水印相机，点击【批量水印】进入，在手机图库里面选择需要加水印的图片（最多可以添加 100 张），选好图片后，点击【开始制作】。选择好水印图片，点击右上角【保存】，这样多张图片就成功批量添加水印了。如图：

　　如果第一次使用软件，是没有水印文件的，我们需要添加水印。具体操作是：点击左下方【更多水印】，选择相册上传，点击选好的水印图，这样就添加成功了。如图：

（六）小 Q 画笔（截图标注软件）

腾讯旗下的小 Q 画笔的使命十分明确——成为最简单高效的手机截图标注工具。它提供了直观简单、认知零成本的界面，打开 APP 即可标注，6 个小工具可随心应付各种图片，更清晰地表达。小 Q 画笔拥有最简洁的界面，提供箭头、形状、涂鸦、文字、剪切、马赛克 6 个标注功能。

首先，我们去苹果应用商城搜索【小 Q 画笔】，并下载安装。（安卓系统的手机也是同样到应用商城搜索下载安装）如下图：

打开小 Q 画笔，进入之后，点击左下角双框框的图标，再点击【更多】进入手机图库，选择需要标注的截图。右侧是工具栏，根据需要进行选择

使用，图片做好后，点击右下角【保存】即可。如图：

重点说一下两个位置，一个是圆点，另外一个是正方形。如图：

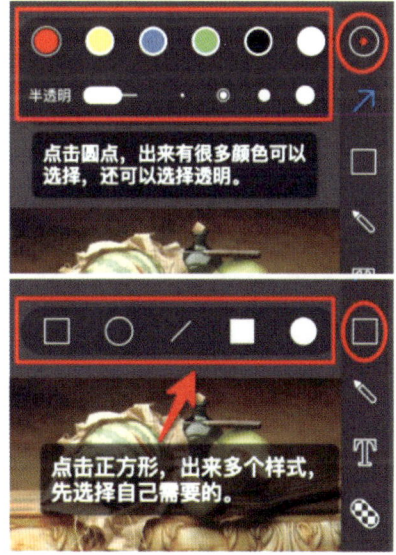

我们还可以用小 Q 画笔做客户见证，如图案例：

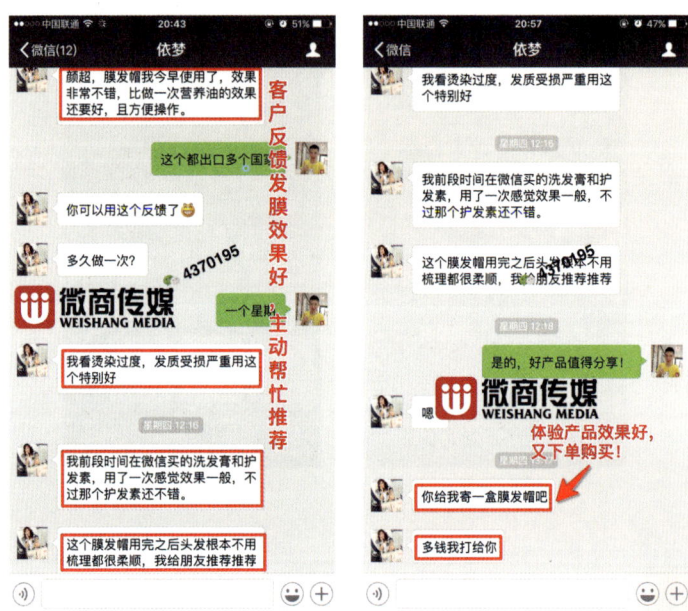

说明一下，本次的图文教程都用到了小 Q 画笔，大家多去操作就熟练了。

（七）有道云笔记（云笔记软件）

有道云笔记是网易旗下的有道推出的云笔记软件。有道云笔记支持多种附件格式，拥有 2G 容量的初始免费存储空间，能够实时增量式同步，同时上线的还有网页剪报功能。

首先，我们去苹果应用商城搜索【有道云笔记】，并下载安装。（安卓系统的手机也是同样到应用商城搜索下载安装）如下图：

安装成功后，关注微信公众号"有道云笔记"，绑定有道云笔记账号，建议直接授权用 QQ 登录。如图：

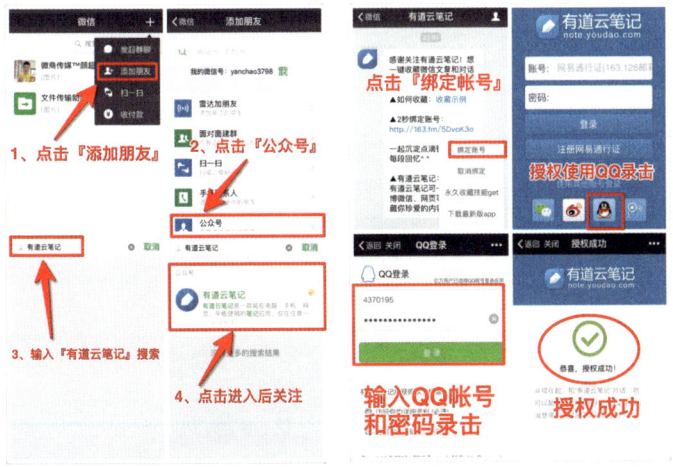

接下来演示收藏微信内容，长按消息，点击更多，勾选需要收藏的内容，点击保存到有道云笔记本。如图：

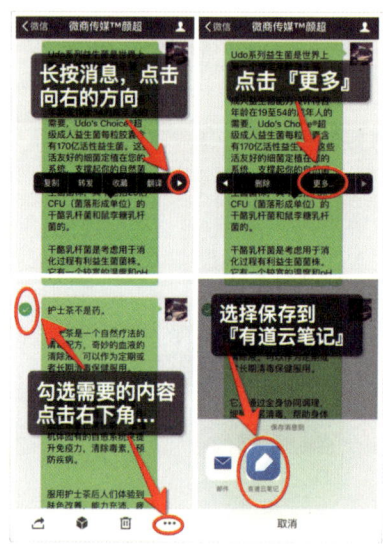

下面，看一下保存成功后的截图，如图：

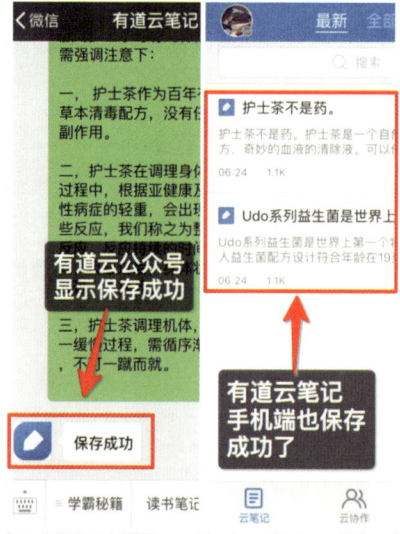

　　演示收藏微信公号文章，进入公众号文章后，点击右上角【…】，然后选择保存到有道云笔记。如图：

　　保存成功后，有道云笔记的公众号也会显示保存成功，同时有道云笔记的手机端也保存成功。如图：

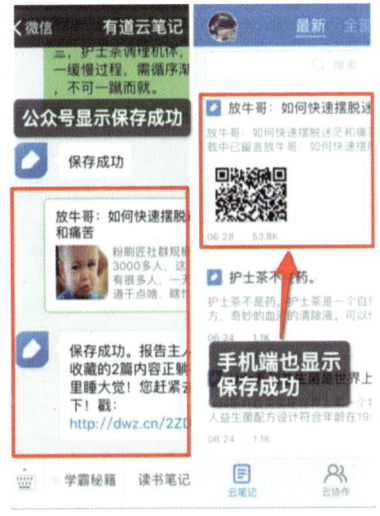

需要说明一下，有道云笔记除了可以收藏微信内容，还可以做笔记，例如：录音笔记，图文笔记等，做好的笔记可以分享出去，这里就不做过多讲解。

（八）百度云（免费存储空间）

百度云是由百度公司出品的一款云服务产品，不仅为用户提供免费存储空间，还可以将视频、照片、文档、通讯录数据在移动设备和 PC 端之间跨平台同步、备份等。

首先，我们去苹果应用商城搜索【百度云】，并下载安装。（安卓系统的手机也是同样到应用商城搜索下载安装）如下图：

打开百度云，使用用户名和密码登录，没有账号的话，注册一个就可

以了。如果不想注册，那么就直接授权 QQ 登录，方便快速。如图：

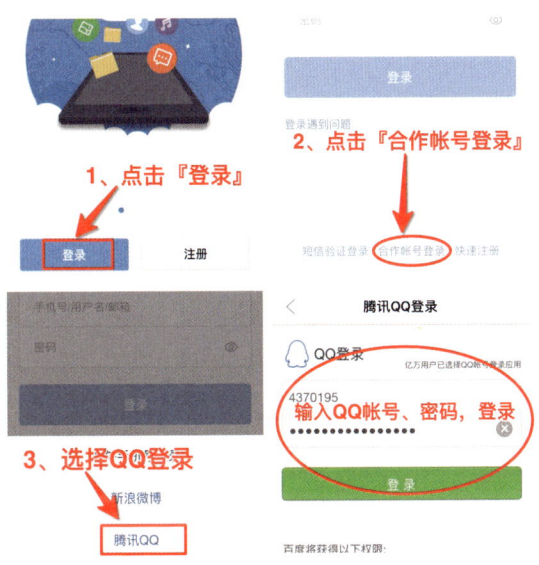

登录成功后，就可以上传文件了。如图：

手机如果想和电脑同步，需要在电脑上安装百度云管家，登录后可以上传各类文件。如图：

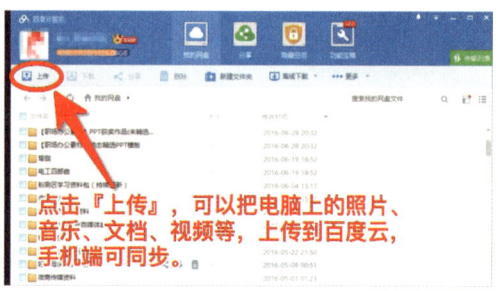

（九）讯飞输入法（好用的语音输入软件）

讯飞输入法（原讯飞语音输入法），是由中文语音产业领导者科大讯飞推出的一款输入软件，集语音、手写、拼音、笔画、双拼等多种输入方式于一体，又可以在同一界面实现多种输入方式平滑切换，符合用户使用习惯，大大提升输入速度。

首先，我们去苹果应用商城搜索【讯飞输入法】，并下载安装。（安卓系统的手机也是同样到应用商城搜索下载安装）如下图：

由于苹果系统有限制，下面让我来说一说如何安装讯飞输入法。

点击设置里面的【通用】进去，接着点击【键盘】进入，进入之后点击【添加新键盘】，然后添加讯飞输入法。接着要设置，允许讯飞输入法，完成访问。这样，安装设置就已经完成了。如图：

下面我们来说一说，如何利用讯飞输入法，设置常用语进行快速回复。

我以微信的聊天界面为例，点击讯飞输入法的消息进入，往下有一个添加／编辑常用语，点击添加我们需要设置的常用语。如图：

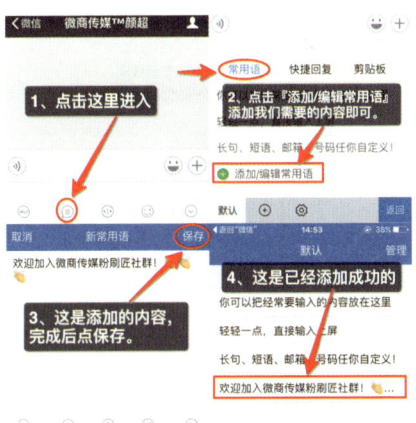

常用语设置好之后，平常我们和微友聊天的时候，就可以快速进行回复，如图：

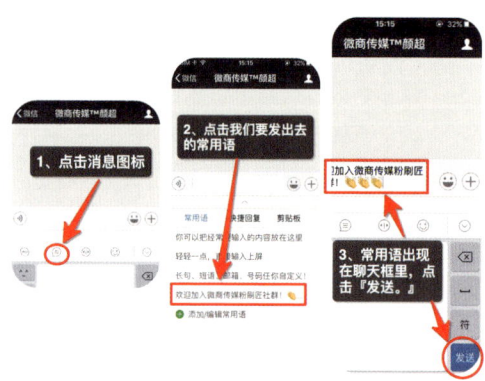

下面这张图片是利用常用语快速回复之后的效果，如图：

说明：我们可以多添加一些常用语，这样就可以用最快的速度把设置好的内容发送给微友，解决回复慢的问题，也帮助我们节约时间，达到高效沟通。

常用语快速回复讲完了，下面演示一下语音转文字，还是以微信聊天界面为例演示。点击讯飞输入法的话筒图标进入，对着话筒说出想输入的话，如图：

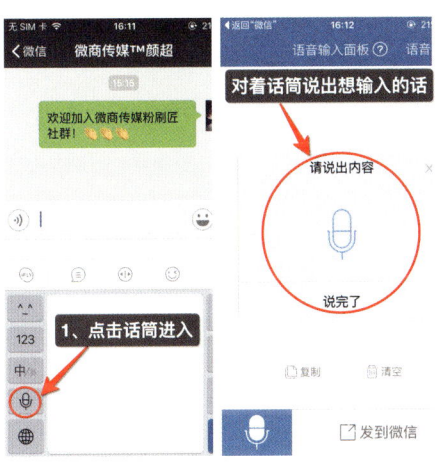

说完之后，它会自动把语音转换成文字。点击【发到微信】，接着自动跳转到微信聊天框，点击【发送】，这样就把语音转换成的文字发送给对方了。如图：

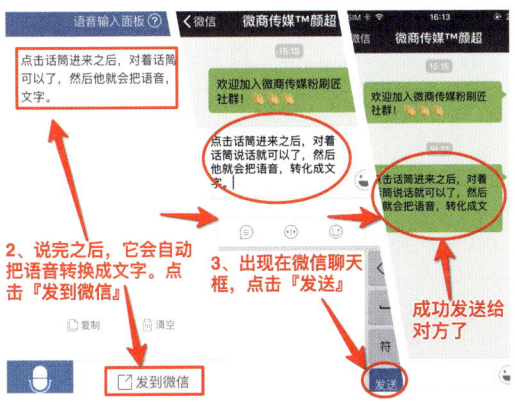

苹果系统以外的一些手机，和这个操作方法大致相同。利用讯飞输入法，可以帮我们节省很多的时间，例如可以快速地回复客户，挺方便的，大家多体验就知道好不好用了。

补充说明：讯飞输入法的语音默认是普通话，如果需要切换成其他语言，可以点击【语音设置】进入修改。如图：

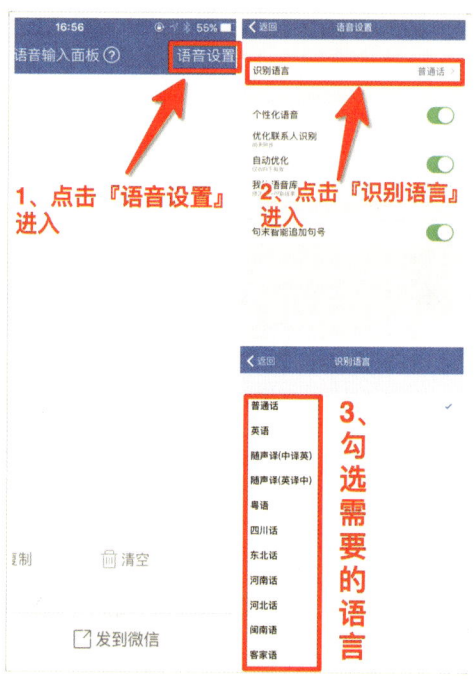

（十）榴莲（原百度图片）（强大的图片资源）

首先，我们去苹果应用商城搜索【榴莲】，并下载安装。（安卓系统的手机也是同样到应用商城搜索下载安装）如下图：

　　下面，主要演示怎样快速，搜索到我们想要的图片：

　　打开软件，点击右下角【广场】进入，输入关键字进行搜索，出现相关图片，选择自己喜欢的图片进行下载保存。例如：输入【花朵】，进行搜索，出现很多与花相关的图片。如图：

　　总结：利用工具，事半功倍！节约时间，提高效率！

二、 如何拍好一张攻心头像照

有的微商朋友对自己的头像照缺乏自信，这是非常有害的。

因为你每天都要看到自己的头像，并且每天都会意识到别人会看到你的头像，如果你缺自信，甚至不敢正视自己的头像，那么它会一直削弱你的气场，削弱你的能量。你整个人都不好了，怎么出单赚钱呢？

这篇文章，就是要帮助你，从头像照中获得自信，拍一张好照片，让自己都情不自禁地反复端详、自我陶醉，从而增强自信、增强气场和能量，昂首挺胸地多赚钱。

Photoshop 我使了 18 年，用的第一个版本是 photoshop 3.0。现在小孩们从 CS 开始用的，有些人都不知道 3.0 是啥，还以为是 CS3 呢。尽管用了这么多年，我一直是业余水平，photosohp 里好多概念我都没整明白。

我很少给别人做设计，其实我做的设计总共也就不多，少量做了点，其中大部分是给自己做的。过去我做的设计，没啥成交力，如果成交，也仅仅是因为设计本身还不错，卖的就是设计。我设计的几款 T 恤图案，几年来在全球大概已经产生了超过 1500 万人民币的销售额，不过绝大部分都是被盗版者赚了。这个说的是卖设计本身，那其他情况呢，例如设计一个营销海报，为什么没有成交力？因为以前不懂营销。现在懂点营销了，设计出来的东西成交力也就稍微提高点了。

会美工的人很多很多，懂营销的人也不少，但是懂营销的好美工，真的挺稀有的。奉劝所有老板一句，你不要瞧不起美工，因为一个懂营销的美工是很贵的，你给钱还不一定雇得到，因为这种人往往还要给自己干活，没工夫伺候你。

好了，以上是背景。今天我们谈摄影，我要谈的只是摄影的很小很小的一个应用：**做微商的，如何拍好一张攻心头像照。**

拍头像这件事其实跟做美工很类似，那就是你又要会摄影，又要有营销的思维。摄影的功夫是需要从实践中锻炼的，不是一篇文章能解决问题，但营销思维却可以很快说得明白、听得懂、学得会。所以文本主要谈思维，而非摄影技术。

如果你不会摄影，也不要害怕。这件事并不需要有什么摄影技术，也不需要专业设备，有一部能拍照的手机就可以了。你只要学懂了我的要领，并且真的认真对待自己的头像，去好好拍一拍，那一定是有很大提升的。当然如果你执意要以你不会照相为借口而拒绝行动，那我也帮不了你，你注定不会成功的。

作为一名微商，你要做的是卖货。怎么卖呢？通过社交，来联络渠道和客户、沟通感情、进行营销。

我们粉刷匠微商社群，现在有越来越多伙伴从一个个卖不动货的小白成长起来，逐渐具有了越来越强的动销能力。经粗略地观察，我发现一个大致的现象：出单较多的，他的头像比较好看的概率相对高，头像很糟糕的，则能出单的概率相对低。你一定要看懂我说的逻辑，不要误读成：只要头像好就能出单多，头像不好就一定不出单。只能说，头像有一些影响。

一个好的头像，要能攻心，也就是进入到人的心里去，这样的头像具备三个功能：让自己喜欢、让别人记住、传递信息。

1. 让自己喜欢。

这个应该是第一前提，悦人先悦己，一个连你自己都难以接受的头像，会日复一日地给你不好的暗示，影响你、削弱你。

2. 让别人记住。

你做微商，必然要加一些陌生人，那些人既然能通过你的好友申请，那自然也会通过别人的申请，他们的好友会快速增加。当好友越来越多了以后，就会很难记住。同时，因为好友多，他的朋友圈信息也多，以至于无法全部阅读。那么当他快速向上翻动朋友圈的时候，很多信息被忽略了，他会优先看哪些信息呢？至少一部分情况下，他会以人为导向，也就是说，他的视觉会先扫描这条朋友圈是谁发的，一旦识别为重要的人，就仔细看，一旦识别为不重要的人，就会有较大可能忽略。

无论是识别为重要的人还是不重要的人，起码要先能识别，而识别的前提是记住。如果对方连记都记不住你，还谈何识别呢？

如何让人记住？最重要的并不是头像。最重要的是你们之间的互动情况，其次才是头像和昵称。本文只谈头像。

那么如何让你的头像更利于识别和记忆？那就是要有独特性。记住，是独特性，而不是美。现在"美"在人们的视野中太泛滥了，朋友圈头像，很多都是美的，但人人都美，就不成为特殊，就淹没了。所以，你要追求的是独特而不是美。当然了，只顾独特不顾美，你的心灵又承受不了，那么你就在美的基础上，谋求一些与别人差异化的东西，就可以了。

差异化，就是一个营销思想。这里不细谈，你大概理解一下就好。

3. 传递信息。

你的头像不仅要被人记住、具有较高的视觉可识别度，还要附带一些信息，这些信息，会明示或暗示别人，你是一个什么样的人。例如，可以表现你的专业、你的人品、你的性格、你的爱好、你的优势等等，如果你是一名医生，起码你应该穿着白大褂拍个头像照，或者使用其他跟医生有关的背景或道具。

这样一来，别人每一次看到你的头像，这些信息就被传递一遍，日复一日，得到很大的强化。

要达到上述效果，**在拍照时，需要注意三个要素：背景、光线、人。**

第一，背景。

我看到，这是被很多很多人忽略的一点，他们随便找个破背景，就把照片拍了，例如脏兮兮的墙面、凌乱的室内、垃圾桶、厕所，都可能出现在照片背景之中。实际上你稍微注意一下背景，照片的效果就会好很多。

对于背景的选择，前提是不违背正常的审美，一般来说简单一些的背景更好一些，因为更能突出人物。第二要符合你的个人风格，再就是谋求差异化。

差异化怎么谋求呢？你看可能很多人用的背景都是实景（例如风景、室内、花花草草），那你可以用单色，别人用黑白灰单色背景，你可以来个大红、大绿，这是一种。另一种呢，你可以找一些多数人不易到达的地方或不愿使用的景物做背景。例如雪山上、原始森林、监狱里，别人去不了，你去了，就很牛逼。或者天安门，一般人觉得这个背景俗，但是你就大大方方以天安门背景拍了照片当头像又如何呢？俗归俗，但是特别容易被人记住，日子久了，会在人心中留下光伟正的印象，因为天安门给你做背书了。

第二，光线。

关于光线，有两个基本的要求。第一是光线充足，你看我的头像虽然整体是黑暗环境，但是脸部光线是充足的，半边脸充足，半边脸阴影，是为了制造神秘感。如果光线不足，会让人看了很压抑，觉得你这个人就是阴仄仄的，消极、不阳光。

第二个要求是对比度，就是你的人和背景之间要有明显的差别，如果对比度低，就会对你的形象识别造成障碍。这个其实不仅是光线的事，也跟颜色有关。如果灯光是黄色的，你又穿着浅色的衣服，那么你的脸和衣服都会被灯光打黄，这时候背景很可能也是比较偏黄的，结果就会造成不容易识别出你的脸。

有时候你拍照的背景很亮，例如蓝天，或者窗口，但是照射到脸上的光线不够强，如果以背景为主调整曝光，拍出来就是黑脸，以脸为主调整曝光，拍出来背景就一片白啥也看不见。这种情况怎么办呢？我不建议你打闪光灯，因为效果会不自然。这时你可以找一个浅色的平面，例如一张白纸，作为反光面，给脸部补光。

第三，人。

背景和光线找对了，最后把人放进去。人的因素包括：角度、表情、身姿、动作、妆容、服装、配饰、道具。

很多人自认为"不上相"，其实是以上各个因素没协调好造成的，作为摄影师的角色，我认为没有人是不上相的，关键看你怎么拍。

任何人，就算长得不好看，也都有相对好一些的角度，从正面（90度）到侧面（0度），算上左右两侧，水平维度上一共有180度的可选空间，垂直方向大概也有90度的空间，在这些角度中，总有一些角度是最适合你的。什么叫适合？一个好的角度，也许能掩盖你的缺陷、夸大你的优点、塑造你应有的气场。同样一个人，好角度和坏角度，拍出来的效果完全是两重天。如何找角度？可以先对着镜子找，上下左右转动你的脸，看哪个角度比较满意，然后实拍，也要拍很多个角度。不要嫌麻烦，这是一个发现自己、认识自己的过程，一次做好，以后拍照就不害怕了。

表情和角度类似，也是需要慢慢找，对着镜子变换不同的表情，找到好表情以后，再多次练习，最后做到不照镜子也能快速找到最佳表情。表情、角度，都不是唯一的，每个人应该找到若干个好角度和若干个好表情，不仅为了拍头像，以后各种场合拍照装逼，都用得着。

但是有的人就是容易怯场，一到拍照的时候就会非常僵硬，怎么办？有一次，我给我们微商传媒一位CEO拍照，他的表情僵硬到面瘫，无论怎么教，也调整不好。然后我就举着相机跟他说话，随时准备抓拍。

我问他："中午吃饭了吗？"

"吃了。"

"吃的什么啊？"

"红烧鱼。"

"好吃吗？"

"好吃。"

咔嚓。

当他说"好吃"的时候，心里回味着红烧鱼的美味，脸上洋溢着幸福的笑容，我就在这个时候抓拍了。作为摄影师，这个招很好用，后来我又用了几次，有说回锅肉的，有说麻婆豆腐的。但是作为被摄者呢，如果你的摄影师没有与你进行能令你感到幸福的对话，怎么办？其实也很简单，你自己去想象就好了。你想要阳光，就幻想幸福，你想要亲和，就幻想面对可爱的孩童，你想要锐气，就幻想竞技场上无往不胜。

然后说身姿，无论你采取什么姿势，都一定要挺拔。那如何挺拔呢？要领就一条：**把脖子往后收**。不细说，自己去试。

动作，也是一个可以谋求差异化的地方。你看别人都是啥动作，你整一个不一样的就ok，剪刀手都行，因为别人都怕剪刀手太俗，没人用剪刀手，你来一个大大的剪刀手举在镜头前，比脸还大，那就会非常令人印象深刻。跟天安门做背景的原理一样，久而久之，你会给人留下一个阳光、自信的印象。丘吉尔都摆剪刀手，你怕什么呢？

妆容、服装、配饰就不细说了，都注意一下就好，别太草率了。

简单说一下道具，这个经常被忽略，好像很少有人为了拍头像可以拿一个道具的。这个道具有什么用呢？一则，它是一个差异化的东西，你的头像照里增加了这么一个重要元素，会让人更容易记住你。二则，道具可以体现你的专业、身份、性格、爱好等信息，例如你拿个酒瓶子，就能体现你是个酒鬼或者品酒师，举个红酒杯就会显得有点贵族范儿，画家拿一支画笔会更突显身份，卖手机的可以两手拿十来部手机，瞬间就会让人觉得你比较专业。

第四章

粉刷匠的进阶训练

第一节 如何说，怎么聊：神医的成交话术

说话，每个人都会说，但是说话的技巧、套路，有人仔细研究过吗？当然，普通人不需要研究这些，但是对于微商而言，有着非凡的意义。

做微商，成交在聊天中完成，买卖双方的交流是必不可少的。你没有话术，就是瞎聊，凭状态、靠心情、碰运气。客户顺着你，就能成交；客户不顺着你，就束手无策。甚至有的人光会发广告，客户一来咨询，他就害怕了，不敢说、不会说，眼睁睁看着客户来了就是成交不了。

先问大家这样一个问题：世界上什么职业的人，咨询转化率最高？毫无疑问，答案就是：医生。那么，为什么会是医生呢？

1.医生具有权威性，他是专家。

2.病人的需求是刚需。

3.医生的话术有套路。

一、医生的套路。

第一步，问诊。他要询问你的情况，不问情况就开药，你肯定不会买单。

第二步，号脉。这是深入剖析病情，号完脉就要指出病灶，你就会更

加信服。

第三步，预警与安抚。告诉你病情的严重性，不治将会怎样，这是预警，让你明白治病的必要性。再告诉你，这个病可以治，请你放心，这是安抚。安抚就是给信心，如果连信心都没有了，那就不会买单，因为你会认为这是白花钱。

第四步，开方子。这是给出解决方案，方案不仅告诉病人要吃什么药，还告诉病人怎么吃、什么时间吃、每次吃多少，这是场景化描述，有代入感，让你自我说服。

第五步，描绘好处。就是说，你用我的方子，治好了病，生活将会如何美好。你一听，是啊，还是治好了好啊，会心生向往，同时也接受了一个暗示：他能治好我的病。

二、微商的"神医"成交话术

扁鹊是一个名医，但是在蔡桓公这位病人身上，他完全是失败的，蔡桓公不让他治。古文里把扁鹊写得非常高明，料病如神，但是在我看来他非常失败，甚至可以说，是他营销上的无能，害死了蔡桓公。蔡桓公之所以不让他治，是因为扁鹊没有遵循成交话术的套路，一味警告，当然引起厌烦和不信任。

你做微商，朋友圈发完广告，客户来咨询了，这时候他就是一个病人，来到你的门诊，你就是坐诊医生。

第一步，你要问客户的需求，问他的基本情况，问得越详细越好。你问的多了，有两个好处：

好处1：你得到的信息多了，有利于你挖掘客户痛点，有利于你给方案。

好处2：客户觉得你耐心细致，而且既然你了解了这么多信息，他会觉得，你给出的建议也会更加靠谱。

假设一个客户是来问爱温士电暖气的，你可以问这些问题：你家几居室？卧室多大面积、客厅多大面积？家里有哪些人？有没有宠物？白天家里有人吗？家里有其他采暖设备吗？以前还用过什么采暖方案？保温条件怎么样？邻居如何取暖的？你的取暖费预算多少？

这罗列的问题够多的了，一般人都问不了这么多，但如果你真的把这些都问了，那效果是很好的。这些问题没有废问题，都是有用意的。

第二步，指出对方的痛点。

有时候客户自己都没意识到他的痛点是什么，你给清晰准确地描述出来了，对他是一种震撼，同时也能传达一个信息：你对他的需求理解得很准确。这样，就更容易取信。

还拿爱温士来说，假如他家有小宝宝，你可以说，害怕孩子受冻，给穿好多衣服，孩子活动不方便。如果有老人，也是一样的，而且老人其实更怕活动不便、关节僵硬，因为小孩不怕摔倒，老人怕。如果他家用空调取暖，痛点是干燥、太吵，非常的不舒适。如果是用小太阳，那玩意只能热很小的范围，为了暖和，人就被固定住了，无法自由活动。

如此等等，其实痛点真的可以抓出很多来，但是你认为的痛点，对客户来说未必很痛，所以你要想像点穴一样精准地指出客户最痛的痛点，还是需要多了解他的信息。

第三步，预警与安抚。

跟医生的预警与安抚是一样的道理，告诉对方不解决痛点会怎样，但是不要害怕，这个痛点是完全可以解决的，给他信心。

第四步，给方案。

两个要点：

1.基于客户的特定情况给出针对性的方案。（这要求你在第一步的时候绝不能偷懒，否则你将做不到这一点）。

2.场景化描述。例如客户家里两居室，卧室面积 10 ~ 12 平米，客厅 30 平米，白天家里没人，两个卧室夫妻两人睡一间，上小学的孩子睡一间，这是最不复杂的情况了。

那么方案怎么给呢，记住：一定要给两个方案，让客户感受到你的细心，同时也给他选择的余地。

方案一：如果预算充足，买 2 台 2500 瓦的放客厅，2 台 2000 瓦的每个卧室放 1 台。全天 24 小时全部开机，进入恒温以后，机器自动降低功率运行，其实也费不了多少电。你家有钱，估计有一些好家居，忽冷忽热的也不好，所以干脆保持恒温。

方案二：如果希望省钱，可以只买 2 台 2000 瓦的或者 2500 瓦的。如果天气很冷，那就白天暖气放客厅，下班接孩子路上用手机遥控开机，到家客厅就暖和了。晚上临睡之前半小时再把暖气放到卧室里去，这样上床睡觉的时候卧室也就暖和了。如果懒得挪动暖气而且客厅不是很冷的话，那就一直放在卧室，睡前开机。

另外，要注意：**方案不能笼统，一定要细致一些，这是为了让客户在你说方案的同时，自己脑中幻想使用场景，进行自我说服。**另外，也存在客户对这个东西该怎样用比较没底的情况，客户不熟悉产品，你熟悉，你把细致的方案给他，他就放心了。

第五步，展望未来，描绘好处。

这个未来，就是他买了你的产品以后的未来，你把好处给他描绘出来，诱导他对未来美好生活的向往。

如果你能做好这五点，那么和客户成交便不是问题。

第二节　信息差：微商赚钱的秘密

现实中，很多微商都很努力，却总是卖不出去货，这是为什么呢？你仔细一看他的微信朋友圈，就会发现一个严重的问题：他的朋友圈里全是生硬的产品介绍，让人看了就有种想直接屏蔽的感觉。这种做法，就算刷爆朋友圈，也不会有客户买单的，所以，这证明，你的思维需要来一次彻底的改变，去了解一下微商赚钱的秘密。

微商赚钱经典思维：赚钱＝信息差＋策划包装。

所谓的"信息差"，也叫信息不对称，就是买卖双方掌握的信息不一致，卖方掌握的信息大于买方。通常情况下，信息差越大，卖方获取的利润也越多；卖方将产品包装得越高端，赋予的价值越大，价格也越高；虚拟产品的信息差，远远大于实体产品的信息差。

例如：金融业的产品比如保险、贷款、证券、股票、期货等等，这里面在买卖的都是虚拟产品。对于普通人来说，相关专业人士掌握的信息量肯定比你大得多。为什么一听到金融，你就会联想到高富帅？这就是原因。

那么，作为一名粉刷匠，你要如何来利用好信息差呢？

一、要学会接收信息。

粉刷匠，接收信息的来源有以下几个渠道：

1.CEO 给你发的产品信息，包括产品介绍、产品功效、产品问答等。

2.CEO 给你发的课程列表，包括微商传媒几十位明星导师讲的课程以及一些 CEO 的日记指导。

3.CEO 和粉刷匠伙伴发在群里的刷屏素材、产品图片、客户反馈以及他们分享的成功经验，等等。

4.你所主推产品的微信公众号，比如 6 棵参，比如足禧本草等。

5.微商传媒刷屏素材号。

总结：以上五点就是作为一名粉刷匠所要关注的一些信息来源，做传统微商，也应该如此。当然，这只是其中的一部分，要想获取更全面、更具体的信息，还可以借助万能的度娘来搜索相关信息。

记住：掌握的信息越充分，越具化，在跟准客户交谈时，就越能从多角度来解决他担心的问题。

二、要学会处理信息。

注意：**掌握了大量信息，不去处理、不去加工，那也是白搭**！

那么，作为一名粉刷匠，也是一名微商，你要做的就是卖货，你需要掌握对两大类信息的处理方式。

1. 关于产品信息。

你要学会从接收的信息中提炼出产品的卖点（客户的痛点），适用人群，产品使用方法，产品售后等，不是生搬硬套，而是要形成自己的语言。

例如：我认识一个微商团队的创始人，一个大三的学生，现在能够做到月入过万。她跟我说，每一次拿到一个新产品的时候，她都会用笔把产品的卖点写下来，每天看几遍，做到烂熟于心。她产品绝大部分是零售出去的，利润极高。

衡量一个人是否能成为一个合格的微商，卖货能力是一个非常关键的指标。当你能够把货物轻松卖出时，你还会担心囤货吗？你更应该担心的是缺货了吧。

所以，产品信息的提炼相当重要，极其重要。我希望还没有咔咔出单的你，能够高度重视这一点。

2. 学习课程和一些小技巧。

（1）学习课程

一般每个微商团队都会有"老师"来专门讲一些课程。这些课程会涉及到很多方面，比如最基本的微信的使用、朋友圈打造、如何加粉、如何互动、如何成交、如何做好售后，如何写好文案等等。

每一堂课程都有一个基本框架，你要把这个基本框架给提炼出来，这些是重点，是精华；课程内容是框架的细化，案例的陈述等。所以，你如果有兴趣，可以学学怎么使用思维导图，这对于提升你的总结能力和思维能力是有极大帮助的。

课程要听，特别是经典的课程，要反复听。听第一遍是被动学习，然后去实践；听第二遍你要带着实践中遇到的问题来主动学习，然后继续实践；第三遍的时候，你有可能自己会有一些新的感悟。要听课，更要将听的内容运用到实际中，甚至加以创新。

（2）一些小技巧

比如 CEO 和粉刷匠经常会分享一些实用的小方法、小技巧到粉刷匠群，这些东西看似微小，但是利用起来，却威力巨大，千万不要看不起。有一些微商团队，都不愿意大方无私把自己的方法分享出来，因为人都有自私心理，只是很少人明白：你越自私自利，你就越封闭；你越封闭，你就越无法快速成长。

所以，做一个合格的粉刷匠，或者说是微商，**你一定要学会改变，首先要学会分享，有什么好方法、好经验，一定要分享出来。你帮助别人，就是在释放价值。要始终记得能量守恒，你的分享和付出都不会白费。**反过来说，其他伙伴分享出来的东西，如果你还未涉及，你一定要学会虚心接纳，即使你现在用不到，可能哪天你就用到了。

这些小技巧、小方法，你可以在合适的时候去运用，很多都是非常不错的。比如说给意向客户打标签、微信地址功能、收藏功能，还有 @ 功能等。

综上，把产品信息和包括营销技巧在内的课程信息处理好之后，你接下来的工作就是去传递信息。前两步没做好，你第三步就变得非常困难或者根本无法展开。

3. 要学会传递信息

我们把信息接收了，也处理了 ，要想产生价值，就必然要传递出去。比如，我写了这篇文章，发表的时候，状态设为 "仅自己可见"，那么就只有我自己能看到，你看不到，其他人也看不到。我接收了信息，也把信息加工了，就是没有传递出去，没有价值产生，这就是无用功。

所以，**无论我们是写文章也好，心里有想法也好，卖货更是如此，一定要敢于、善于去传递信息**。写文章不发等于白写；心里有疑惑不说出来，你的疑惑会越积越多；卖货不敢宣传，更有甚者，连朋友圈都不敢发，你怎么能把货卖出去呢？

我举一个例子，今年春节的时候，我写了一篇文章《村里见闻》，发表在天涯的经济论坛，两天时间点击量达到 10 万，收获评论无数。这篇文章带有一点营销性质，所以后来被天涯删除了。不过这件事情，让我认识到了一点，你不把自己的观点抛出去，不让自己的信息传递出去，你永远不知道这个世界上还有这么多与你有共鸣的人。

卖货也是如此，你不宣传，你永远不知道这个产品能帮助多少人。合理合法的事情，为什么你害怕呢？敢于放下面子的人才最有面子！

那么，我们要通过什么渠道来传递信息呢？

第一，首先是微信朋友圈，这是你的主战场，也是成交最好的地方。 可以链接人、可以解决咨询、支付问题。一要刷屏，二要互动，三要私聊，四要利用小技巧。这些都是你传递信息的方式。

第二，QQ 空间、微博等网络社交平台。 这些平台上承载了微信出现之前你所积累的一些好友，这方面也可以利用起来，尤其是 QQ 空间可以和微信互通，这个要重视。

第三，线下信息的传递。 一是你的朋友、亲戚、同学、同事等，直接面对面的交谈或者电话交谈；二是你去摆摊推广；三就是直接去找一些精准客户等。

总结：

无论是通过什么渠道，都是建立在接收信息、处理信息的基础之上；无论是微信对话，电话交谈，还是面对面交谈，你都要将接收处理的信息用自己的话语表达出来。

最难的是面对面交谈，其次是电话交谈，再次是微信对话。为什么呢？微信对话，遇到不会的，还可以求助群里；电话交谈，对你的综合能力要求高，产品熟悉、临场应变能力强；面对面交谈，不仅要求你对产品熟悉，临场应变能力强，你的精神面貌和表情动作也起着关键的作用。

因此，基础的东西一定要打牢，加上反复实践，实战多了，积累的经验多了，自然而然就能 hold 住。记住，**接收信息是基础，处理信息是核心，传递信息是关键**。这个思维具有普适性，不仅仅是卖货，还可以运用到生活中的方方面面。

第三节　如何写出超级微商销售文案

许多粉刷匠，微商新手，对于文案的把握不到位，写出来的文字，没有吸引力，所以导致没有成交。其实，不会写文案，就像不会走路一样。如果你没法把产品说清楚，也没法向别人传递正确的信息，你的微商之路不会好走，移动互联网的大趋势你跟不上。

下面，我们先来看这样一个例子：

修改前的文案：

买罐头送五常大米咯！即日起，凡购买满 2 箱欢乐时光黄桃罐头，即可送价值 30 元五常新米试吃装 1 份，每个客户仅限领取 1 份，100 份试吃装送完为止，欢乐时光五常米喊你回家吃饭！

修改后的文案：

亲爱的吃货朋友，送福利了！凡购买 2 箱以上进口品质欢乐时光黄桃罐头，送你一份原生态无公害、中国最好的五常大米，价格 30 元。因为大米十分难得，每个客户只能领取一份，仅有 100 份，马上下单，私聊咨询，错过再等一年！

我想告诉你的是：就这么简单的修改，销售额增加了 4 倍。

那么，如何才能写出如此有销售力的文案呢？

一、超级销售文案写作原理

1. 销售文案只写给特定的人看。

特定的人，就是你的目标客户。文案不是写给所有的人看的，特定的产品，只写给特定的人看。写给脚臭的人的文案，脚不臭的人就不会感冒。又比如，一个人很瘦，你有一款减肥的产品，你觉得这个瘦子需要吗？

足膜：脚臭的人，脚开裂的人。

黄桃：给吃货。

爱温士：家里有小孩子，老人，怕冷的。

400 电话：企业主，老板。

米微净水机：关心水质的人。

眼罩：用眼多，眼睛干涩的人。

2. 根据特定人群，提供解决方案。

不是什么都写，只写特定人群关心的内容。一个男人走在大街上，会关注安全，会关注美女。但其他无关的事情，他都不会关注。只有特定人群关心的事情，才会引起他们的共鸣。

3. 展示解决方案，给客户产生的价值，带去的结果，具体的好处。

一定要记住：每个客户想看的都是最终的效果，而并不是这个产品材质多牛逼，用了什么材料。而是能帮助他解决什么问题。

4. 直接号召目标客户产生行动。

具体的行动：咨询，购买，或者添加微信。每一次文案，都有一个具体的行动，客户响应才是衡量的标准。只要掌握四点，就能轻松掌握收钱的文案的精髓。

二、超级销售文案的写作流程

1. 确定目标人群

世界上的人很多，客户也很多，不可能把所有的人都变成客户。不同的产品，针对不一样的人，把范围缩小，才能对症下药。一辆跑车，价值百万，如果卖给月薪几千的工薪阶层，你觉得可行吗？所以一定要选择好客户，选择大于努力。确定目标人群，相当于狙击手聚焦在一个目标上，有了目标才能明确下一步做什么。

2. 引起目标客户的注意

网络信息太多了，现在一天接触的信息，可能是以前一年的信息还要多。在这多繁杂的信息中，只有让客户注意到，才可能有进一步的行动。朋友圈的人非常多，有各种各样的人，如果不能引起目标客户的注意重视，是无法实现销售的。

比如，咱们的足膜，针对是有脚臭、脚裂的，你就要找到这样的人，引起他们的注意。他们才是最关心这个问题的人，如果没能引起注意，就没有了下一步的行动。

吸引客户注意，可以用免费，福利，新闻等字眼。对于粉刷匠，我们可以说，粉刷匠请注意，你的潜意识就会看这个内容。直接称呼对方的名字，是简单有效引起对方注意的方式。还有对方的职业，针对某一职业的人，都可以引起注意。

另外，写文案标题的时候，要明确受众，让别人感到你是对他讲话。

举例：

粉刷匠请注意

微商请注意

脚臭的请注意

吃货请注意

如何引起注意：

1. 产品的好处

2. 不用产品的坏处

3. 新的信息

三、传递价值，展示结果

把产品的好处，带来的结果展示给客户。不同的产品，用的篇幅不一样。要用目标客户熟悉的概念，符号。什么叫做概念，比如上面这篇文案，原生态，无公害就是一个概念。什么叫做符号，五常大米，北京，天安门就是一个符号。就是利用目标客户心中原有的熟悉的东西，来引导他们。

四、直接抛出成交主张，号召目标客户采取行动

什么是成交主张？成交主张＝交换条件＝高价值＋低风险＋方便快捷＋紧迫感产品的价值，赠品，限时，限量，打折。

给大家说三个卖狗人的故事，理解成交主张的意义。

一个父亲想给女儿买一条狗，在这个城市里，有三个卖狗人。

第一个卖狗人说："你看这条狗很好，好像你女儿也挺喜欢的，1000块钱，你好好再看一看。如果你喜欢呢，付1000块钱就成交了。至于狗，你也看过了，你女儿现在挺喜欢的，至于说以后怎么样，跟我就没关系了。"父亲摇了摇头，走了。

第二个卖狗人说："你看这条狗非常好，是英国的纯种狗，这种颜色的结合非常好，好像你女儿也挺喜欢，1000块钱，这个价格也合适。我不敢确认你女儿明天是不是还会喜欢，所以你付我1000块钱。你回去一周后，如果你女儿不喜欢了，只要你把狗狗抱回来，1000块钱我就退给你。"父亲有点心动，接着来到第三个卖狗人面前。

第三个卖狗人说："你女儿看起来挺喜欢的，但是我不知道你养没养过狗？是不是会养狗？你女儿是不是真正喜欢狗？但她肯定喜欢这条狗，所以呢，我会跟你一块把狗带到你家，然后在你家找到一个最好的地方，搭一个狗窝，我会放足够的食物给它，你可以喂一个星期，我还会教你怎么喂这条狗，然后一个星期以后我再来。如果你女儿仍然喜欢这条狗，这条狗也喜欢你女儿，那这时候我来收1000块钱，如果你说不喜欢，或者你女儿跟这条狗之间没有缘分，那我就把狗抱走，把你家打扫干净，顺便把味道全部清理干净。"

第三个卖狗人，简直让这位父亲两眼放光。这位父亲很痛快地买了第三个人的狗，甚至没有讨价还价的想法。

五、案例分析

做微商，都非常需要粉丝，如何快速的获取粉丝都是每个人最关心的。那么，粉丝靠什么获取？就是靠文案。

在营销领域，有一个技术，叫做鱼塘技术。如果你想钓鱼，怎么样才是最快的方法？想一下，答案就是鱼塘，鱼塘的鱼最多，也最精准。

对于微信来说，微信群就是最好的鱼塘，在微信群吸引粉丝是最快的方法。

如何利用文案在微信群快速吸粉？提供价值是最快的，这个价值可以是产品，也可以是资料。

比如，我去参加了微商盛典，大会建立了一个微信群。写了这么一条文案，为我带来了上百粉丝。

文案：

参加大会的注意了。

大会的录音视频，价值上万，免费送！

需要的朋友，请添加"微信35132648"

发送"视频"，预定大会视频。

总结：

这就是文案的威力。分析这一条引流的文案。抓住目标客户的心理，给他们所想要的东西，要求他们采取行动。

首先：确定目标客户"参加大会的人"。

其次，引起注意：参加大会的人，注意了。再来展现价值：价值上万录音视频，免费送。最后，促进行动：添加微信，发送回复。

再回到之前黄桃的销售文案，进行分析。

文案：

亲爱的吃货朋友，送福利了！凡购买 2 箱以上进口品质欢乐时光黄桃罐头，送你一份原生态无公害、中国最好的五常大米，价格 30 元。因为大米十分难得，每个客户只能领取一份，仅有 100 份，马上下单，私聊咨询，错过再等一年！

目标客户：吃货

引起注意：送福利

价值点：进口品质，原生态无公害，中国最好的五常大米，免费送

要求客户行动：限量 100 份，下单私聊

结果销售了 3000 多罐黄桃罐头。

其实，超级销售文案，谁都可以做到，只要你按照其中的原理与流程，就能写出有吸引力、成交力的文案。

第四节　把握趋利心理：威力巨大的红包策略

红包在中国传统文化习俗里，是喜庆、吉祥、祝福、好运的象征，发红包代表着人与人之间亲密友好的社交关系，一般只存在于比较亲近的亲戚朋友之间。但是随着微信红包的兴起，这一切都被打破了。红包变得随处可见，人人都可以参与，发红包的和收红包的人除了喜悦之情外，更添加了互动性跟趣味性。

微商的本质是社交营销，社交营销需要建立可信赖关系的链接，红包不可避免成为一种链接关系的纽带，既符合了人情，运用好又可以达到营销的目的，可谓一举两得！

下面，我从两个方向来讲解红包营销理论：

一、红包营销 6 大基础定律

1. 发红包数量一定要多。

红包之所以吸引人，有一个很重要的因素就是：**红包可以给用户带来一种参与感。**这个参与感是非常重要的。这就是为什么很多人为了 1 分钱也要去抢，不抢就不舒服。抢的动作背后其实隐藏的是神秘跟激情，让每个看到红包的人都想要参与进来的冲动。那么怎么让更多的人参与呢？最重要的就是发的红包数量一定要多。金额不重要，重要的是抢的感觉得到了，也就是参与到了，就能给人带来好感。如果你发的数量少，后面没抢到的人就会有一种失落感。你的能量不但没有传递跟扩大，反而让人感到不舒服。所以发红包切记一点，要想达到好的效果，发的数量一定要多！

2. 红包的封皮一定要手写。

微信红包默认的封皮就是：恭喜发财！虽然也很好，但是发多了感觉就麻木了，一点意思都没有。红包封皮一定要亲自手写，文字越感动人效果越好。发完红包然后再追加一段文字，虽然只发了一个红包，但是起到了两个红包的效果。

3. 红包金额赋予更多的意义。

发红包一定要把没有意义的红包数字赋予更多的含义，哪怕红包金额非常少，但是你给它赋予一定的意义，那就已经不是金钱可以达到的效果，那是你的才华和能力得到了别人的认可。比如我发了一个红包哪怕只是一块钱，但是我赋予它一个意义，比如"说一不二，独一无二"。这个时候收到红包的人已经不在意一块钱，他获得的是精神上的愉悦。那么效果跟10块钱、100块钱已经没差别了。

4. 发私包，你的能量要得到传播。

比如你发一个私包给他人，对别人来讲这个红包他可以收到，但是对于发红包的你来讲，其实你的心理需求没有得到真正的满足。实际上你是希望别人知道你发了私包给人，这可以体现出你是个懂得感恩的人，但是别人不知道。虽然发了私包，但是没有效果，因为没有得到传播。

发私包的人要发得开心，发得有一种荣耀感。那么你可以在红包封皮上备注"某某专属"发到群里，那么即便被别人抢了，对方也要退回来。这样应该得到红包的人还是得到了，其他人也都知道你很感恩，你的心理也就得到了很好的满足。

5. 抢了红包，加码退回。

当你抢了不属于自己的红包，这个时候你要退回来，即使别人不说双倍，你也要加码退回。你抢了红包本身已经不对，如果你抢了多少就退回多少，别人对你的印象就不好。但是你加码退回，对方虽然失去一个红包，但是得到两个红包的感觉，对你的印象就会加分。

6. 要把红包变成一种营销常态。

每个人都喜欢红包，红包威力巨大，对人的内心吸引力非常强。一定要把红包变成一种常态，要经常舍得发。比如客户买了你的东西，你一定要发一个红包给他，表示你对他支持的感谢。或者客户发来反馈，不管好坏你都要赠上一个红包，表达你的感恩之情，客户就觉得你对他是用心的。

二、红包营销实践案例

1. 红包"吸粉"战略

红包营销重在于实操，方法不需要多，一招练到极致就是绝招。做微商的人都希望自己的粉丝多，那么如何通过红包营销达到吸粉的效果呢？下面分享一个我们团队实操案例给大家：

方法很简单，就是通过赠礼品的活动来吸粉，你需要针对你的目标客户群体来组织活动。

实操案例如下：

（1）写好活动详情，塑造好价值，让别人愿意参与进来。

当你把做一个免费送礼物的活动写好发出去后，后面一定有人回复，因为免费的东西大家都喜欢。这个时候你就要跟参与的人互动。我们活动的目的是吸粉，也就是要让别人主动加你。

（2）当有人想要免费获得这个礼物的时候，你就可以告诉他，想要获得这个礼物很简单，只要答应你一个小小的要求就可以。这个要求就是让他推荐微信里的女性朋友加你。推荐多少人根据活动性质，礼物贵重你自己定。只要他推荐成功，就可以马上获得这个礼物。

（3）这个过程当中最关键的一个问题就是：对方答应你的请求，但是他的朋友不想加你怎么办？这个时候就应用到红包营销策略。你告诉他，加你可以领红包，当他的好友听说有红包之后，很快就会主动加你的。最后把参与推荐的人跟加你的人一起拉到群里发红包就可以了。

2. 红包"成交"战略

举一个例子：在你销售过程中一定不可避免的会遇到客户跟你讨价还价的环节。这是很多时候客户正常的内心诉求，真正想要成交的客户其实只是想贪点小便宜。如果直接降价，这样会让客户失去对我们的信任，但是不降价，互相之间又陷入尴尬的情形。

这个时候如果巧用红包营销技巧，成交就变得非常容易。你可以直接发一个红包给客户，代表你做出让步，真心想买的客户看到你这么有诚意，我想成交是自然的，除非他还没真正下定决心要购买你的产品！

第五节 全面营销：QQ 空间和微信完美结合

QQ 空间是开放性的平台，有分享、转载等功能，可以形成自发性裂变。你将内容保存在 QQ 空间，方便查找；如果要在微信朋友圈查找，就比较麻烦。所以，做好微营销，必须将微信和 QQ 空间完美结合。怎么做呢?

一、微信同步空间

微信发朋友圈的时候，有个同步到 QQ 空间的功能。发朋友圈，启用这个功能，只需点亮左下角"黄色五角星"就 OK，可以省去发空间说说的时间，高效快捷。

无论是在发朋友圈，还是发空间说说，后面带上你的联系方式：比如你的 QQ/ 微信号以及你的手机号码。这样别人看你朋友圈或者空间，有所需要的时候，就能第一时间找到你。

二、空间同步微信

1.QQ 和微信互相引流：

在 QQ 或微信上发起一个活动，必须是有诱惑性的、互动性强的，让更多的人参与进来。等活动结束后，你发布公告，说活动结果公布在 QQ 空间说说或者微信朋友圈。这样最大限度地实现 QQ 和微信的相互引流。

2.QQ 空间【手机端】的功能：

在发表说说＋图片的时候，可将内容同步到微信朋友圈，在朋友圈是以长图片的形式展现。有三个方面需要注意：（1）一定要带上联系方式。（2）必须上传高清图片。（3）点亮微信图片按钮，使之由灰变绿。

这样做，在QQ空间上和平常展示的效果是一样的，但是同步到微信后，将是以长图片的形式展现。分享到朋友圈的时候，你可以带上文字，因为带上导语的效果会比较好！同步完之后，QQ 空间发表的说说会有一个小尾巴。

点开长图后，会有如下效果，你在手机 QQ 空间写的文字会直接嵌入到长图的最后，这样做具有防伪功能，别人不能直接盗用，如果他要用只能保存图片，如果别人盗用，就容易为你形成自然传播。

三、空间日志、相册技术性展示微信

1.QQ 空间相册：

分门别类将朋友圈的产品素材（文字＋图片）一条一条保存到相册，上传照片的时候，要记得选择原图。这样就形成一个移动的素材库，以后你要找的时候，直接去素材库找就可以了。

2. 手机 QQ 空间：

（1）相册编辑：要取一个好的名字，因为你分享相册到朋友圈的时候，别人看到的是一段文字，这个宣传效果是非常好的。

（2）相册描述：必须提供联系方式！上传照片的时候，一定要附上文字描述。这样别人打开后，他想购买，你有联系方式，他可以直接联系到你。不管你留 QQ/ 微信，还是电话也好，总之必须带上一个联系方式。

最后建议：

将每个产品的介绍都录一条做成日志，用"文字 + 图片"的方式展现产品。这样做的好处是，客户想了解产品的时候，不但可以从你的 QQ 相册去了解，而且可以从你的 QQ 相册去了解。这是非常好的！

第六节　构建你的 6 度吸引力能量金字塔

全文思维导图：

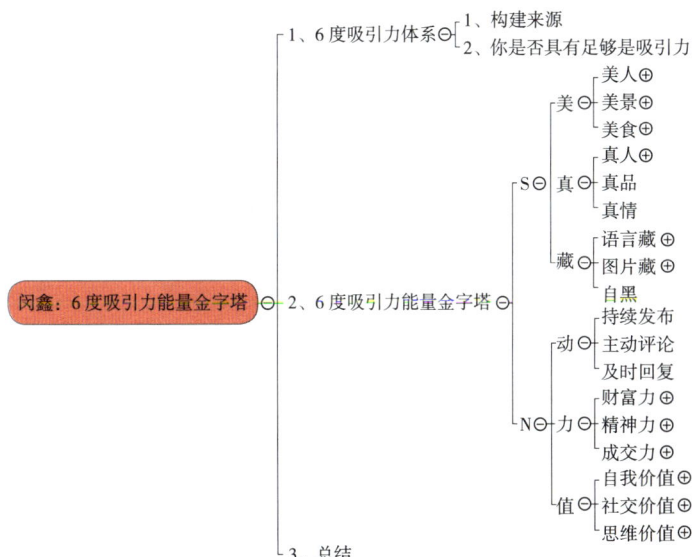

你或许有过这样的经历：冥冥之中，人群里突然有个陌生人跑来和你搭上几句不着边际的话，你自己都没有弄明白是什么情况，对方就已经走远，消失在人群中。

平时，你去拜访的客户，你很积极的去讲解，仍然没能成交，但是，有一天，你遇到一位客户，没交谈几句话，他就现款成交了，让你有点吃惊。微信上，不怎么熟悉的对方，突然简单的几句聊天之后，就要下单，匆匆的打款，下单之后就沉默不见了。这些，你一定有碰到过，虽然这样的事情在你身上发生的次数不多，但是你一定有过类似的经历和体验，至少1次。

上面这些让你觉得神奇的现象背后，就是你的6度吸引力能量在发生作用。是的，6度吸引力的能量是你一直都拥有的一股能量，只是没有被完全的激发，能量不够强大。所以，它只在你灵光一现的那一刻，发生了神奇的作用，在你的身上发生了让你觉得不可思议的这一切。

一、你是否具有足够的吸引力

生活中，人们最常见的困惑来自恋爱交往学，男女交往过程当中，经常会出现这样的尴尬情形：你很主动，也很积极，你心仪的对方却对你没感觉，就是不来电！

在营销过程中，也经常出现类似的场景：你去拜访潜在的客户，虽然他很需要你的产品，你的产品也是可以解决他目前所面临的问题的；但是，客户就是没有和你成交，你很苦恼，因为找不到问题出在哪里。

在微信上面，这种类似的事情，相信你遇见的很多：你的潜在客户，你也知道他确实需要你的产品来解决他自己的问题，客户也咨询过很多回了，但是就是没有成交购买！你很困惑：为什么最后一刻，他没有来买你的产品？

无论是恋爱交往，客户面对面营销，还是你作为粉刷匠在微信上从事微商创业，都会经常碰到上述场景中描述的问题。你的困惑、你的苦恼很多人都有，这背后，到底是什么原因？

在探究这些问题的内在原因之前，先来看看你身边是否有这样的一群人，你可以在脑海里快速地扫描一下。

在你的身边，有一种人，他看似和你没有区别，却总是能够收获到异性的芳心，总是有一群的朋友围绕、追随着他，从外表上你并不能够发现太多不同，他和你并无两样，但是，却一直是你羡慕甚至嫉妒的对象，因为你也想要像他那样，成为万人迷，拥有你喜欢的人，拥有你想要的生活。

在你的公司里或是生意圈子里面，有这么一些人：他们的业绩，总是会比你高出许多，你一定也曾去探究过他是怎么做的，甚至试图去模仿，但是结果依然没有改变！他还是很受人欢迎，而你依然没有达到自己想要的结果。虽然，你一直也想像他那样，拥有最出色的业绩。

在你的微信圈子里面，相信你已经在大脑里面快速的扫描了一遍，你会发现的确总有这么一些人，让你忍不住去经常的看他的朋友圈，让你忍不住去和他聊天，让你忍不住去头他的产品；而你，却很少收获到他人的关注和点赞，更不用说把产品销售出去。虽然，你一直想要这样的结果。

为什么你不是这样的人呢？这些人，他们在身体结构上其实和你完全一样，为什么他们能够做到的，而你却没有做到？这不是身体结构的问题，也不是智商的问题，在身体结构上面，你和他是完全一样的！如果我现在就让你相信 6 度吸引力的强大威力，告诉你是因为他们拥有了 6 度吸引力能量金字塔，你或许会将信将疑！但是这些人，的确是存在的，而且就生活在你的身边，你经常看到。到底是什么原因让他们仿佛拥有了特殊的魔法，能够持续不断的取得良好的成绩呢？

在你默默的羡慕别人的异性缘，默默的看着别人飙升业绩的时候，我偷偷的告诉你，这股神秘的力量确实存在。它广泛的存在于宇宙间，存在于你我之间，只是你还不知道如何去掌控和运用它，还不知道如何让它变得更加强大。

这股神秘的力量叫作"6度吸引力"！

宇宙间的万事万物都处在相互作用和相互吸引当中，这种作用和吸引被称为宇宙引力。**吸引力法则告诉我们：同频共振，同质相吸**，当你虔诚的在你的潜意识当中持续你的想法的时候，想法将变成现实。

社会学的"6度空间理论"已经告诉了我们：**你和任何一个陌生人之间所间隔的人不会超过六个**，简单的说，最多通过五个中间人你就能够认识任何一个陌生人。人际关系的强弱则由六度理论的度数决定。

6度吸引力体系的核心是通过构建 N-S 系的能量三角形，来提升自我的6度吸引力，通过能量三角形的相互作用产生交合能，搭建出属于自己独有的6度吸引能量金字塔。

6度吸引力体系源于普适性的宇宙力学，无论是在现实生活中还是网络社交中均广泛适用，本文将运用6度吸引力体系的具体方法帮助你：打造具有自己独特属性的微信朋友圈，搭建微信朋友圈的6度吸引力能量金字塔，让你微信朋友圈的吸引力迅速提升，让你自身和你的朋友圈获取源源不断的吸引力能量。

6度吸引力，是你身体内在持有的一种能量，它随着你的内在和外在的条件变化而变化，刚才我带着你的意识去发现的那些你身边不一样的人，那些你所羡慕的对象，他们都是因为自身内在的自我激发和外界的配合，形成合作用，触发了自己的 6 度吸引力能量开关，从而让自己的 6 度吸引力能量得到不断的加持。

二、6 度吸引力能量金字塔的奥秘

金字塔是埃及古老的建筑群，金字塔的三角锥体结构，由四面连接的等边三角形构成，是一种超稳态的结构形式，据说金字塔结构中，存在着自然作用的金字塔能。

6 度吸引力体系认为：**吸引力的构成维度是 6 维的，不同的人持有的维度不同，所拥有的吸引力不同。**通过 6 度吸引力体系，可以有效的加持吸引力，让其拥有 6 度吸引力能量三角形，进而构建属于自己的 6 度吸引力能量金字塔。

我们将这套系统的体系方法运用在你的微信朋友圈的吸引力构建上面，它将会使你微信朋友圈的 6 度吸引力得到加持，让你在茫茫的朋友圈信息洪流中，能够一直闪亮，吸引到更多的关注，给你带来更多机会。

经常在微信上，我会收到这样的提问：我的微信朋友圈为什么很少有人关注？我的朋友圈为什么很少有人点赞？我发布的朋友圈为什么没有评论？都说微信上面，可以交到真心的朋友，为什么没有人理我？我发布的产品为什么没有人咨询购买……

每一个问题背后可能都隐藏着一个不为你所知道的故事和秘密，6 度吸引力是帮助你打开这个秘密的钥匙。

磁场效应指出，不同极性间可以相互作用和吸引，磁极 N 和磁极 S 之间是一种吸引作用的关系。运用 6 度吸引力体系的方法，打造朋友圈的

6度吸引力能量金字塔,在打造的整个过程中,如果能遵循这套体系的原理,按照接下来提供的思路去打造,你的朋友圈的吸引力将会提升10倍以上。

如果你领悟了这其中的奥秘,在生活中运用这套方法,你将告别昔日没有异性缘的冷淡局面,彻底让你的屌丝生活逆袭。或许,有一天,你会给我来信发消息,告诉我:你已经被一群美女或是帅哥追得有点缓不过气来。

如果你洞察到了这里面的原理,把它运用在你平时的工作中,或是人际交往当中,我相信要不了多久,你和上级相处的关系就会变得更加的融洽。如果你灵活的把6度吸引力当中释放的思路和方法运用到你的产品营销当中,毫无疑问,无论是产品品牌打造,还是产品销售的业绩,都将带来奇效。

三、打造你的6度吸引力能量金字塔

在领略6度吸引力的无穷魅力和强大威力之后,也许你已经明白为什么自己总是没有"吸引力"了。下面,我将帮助你运用6度吸引力体系包含的方法和思路,在微信朋友圈打造出属于你自己的吸引力能量金字塔。

具体的思路分为两系——6个维度去开展。6度吸引力体系对照有N系和S系,推演出6个维度,分别分布于能量六角星的6个点位。

1.N系能量三角形的构建过程

N系对应于6度吸引力体系中的正三角形,朋友圈的打造上,推演出:动(Sustaining power),力(Power),值(Sense of worth)三个维度。

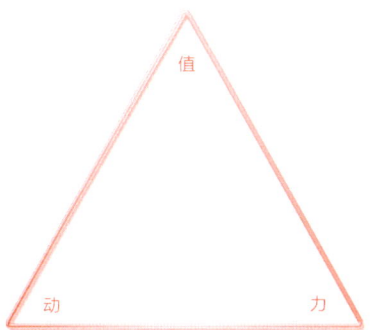

（1）【动】

主要指朋友圈需要具备持续性，互动性，参与性；往外推演出三个基本的思路：A、持续发布朋友圈；B、主动评论和发起互动；C、及时回复。

A. 持续发布朋友圈

能量的传递是持续的，吸引力能量的构建过程也是持续的；这个原理类似太阳的发光原理，通过源源不断持续的波长输出，来构建自身强大的吸引力，吸引力能量将会快速的构建出来，这个环节最忌讳的就是间断，一旦你所发布的朋友圈间断，前面构建出来的吸引力能量，将以指数衰减的速度稀释。

间断有两种，第一种是频率上的波动，比如你发布的朋友圈在时间上不规律，没有依循固有的时间点去发。第二种是数量上波动：你发布朋友圈的条数波动大。这对一个微商而言是非常不利的。要记住：每天持续发布，才能持续构建朋友圈吸引力的能力金字塔，才会有强大能量场的产生。

B. 主动评论和发起互动

发布朋友圈以后的评论，第一条以主动评论为宜，可以对你所发布的朋友圈的主题进行扩展；这是一个连续的过程，由你的主动评论将会带出好友的点赞和回复。所以，主动评论是你发布本条朋友圈的延伸，它和你的文案、图片，构成一个能量三角形。6 度吸引力的核心就是通过构建能量三角形来搭建吸引力能量金字塔。当能量三角形成形之后就会很稳固的释放能量加持，进一步可以导出你的下一个能量三角形。

第二条是发起互动：在朋友圈发布互动活动，从活动限时，活动规则，活动反馈三个点扩展即可。例如：天冷了，免费送棉拖！这是在朋友圈发布互动活动的一种方式，通过互动活动这种方式来构建你的能量三角形。

C. 及时回复

发布朋友圈，主动评论以后，就会吸引更多的好友来关注你，这个时候你会收获到点赞和回复，此时是一种朋友圈外在能量的反馈输入，你要做的第一件事就是及时的回复，这样发布信息 – 主动评论 – 及时回复，就构成了你的一个完整的能量三角形，为能量金字塔进行加持能量。

回复的过程中，一定会有闲聊的，会有模糊性的，也会有需求感明确的回复；你可以在回复里面，继续构建能量三角形。如何构建呢？

根据回复的对象、回复的内容、及时性进行筛选回复；你所回复的内容可以一步步来：首先鼓励，给对方输出信心加持，当对方回复第二条，你需要给对方输出解决方案，当对方进一步的回复第三条，也就是更多细节的时候，你可以直接和对方转入私聊，进入下一个能量三角形的构建。

（2）【力】

主要指发布朋友圈的素材需要具有力量感，力量会给人以正向积极的驱动，帮助人们做出决定。力量感可以在你的文字，图片，视频，评论，回复这些方面进行注入。

力的构建可以推演出：A、财富力；B、精神力，C、成交力。三种"力"来构成"力"能量三角形。

A. 财富力

财富力不是让你在朋友圈炫富，过度的炫富是一种负能量释放，会让你的朋友圈的吸引力能量金字塔的能量衰减，财富力指的是你日常的一种消费力。

比如，你经常出差，坐高铁，这个场景，会让对方觉得你是一个有一定购买力和输出能力的人。

为什么进行力度这个维度的能量构造可以加持吸引力？力的构建不仅会生发出美，同时给人传递的是安全感，人性吸引虽然广泛的存在于宇宙，你我之间，但是人际关系的强度，也就是吸引力能量的加持需要绕过内心的恐惧感，所以在吸引力加持的时候，进行力的构建，让对方感觉的到安全感，非常重要。

再比如：你买回了一个不错的书桌，来布置你的家，这样的主题也是财富力的构建，给对方安全感。

B. 精神力

精神力的构建，指的是你在语言、图片素材的传递中，对自我精神的加持，具体的方法：可以借鉴朋友圈的正能量打卡这个技巧。精神力具体可以推演出三个方面去构建：积极的语言描述，正向的图片素材主题，有规律性的发布。

积极描述指你的朋友圈文案传递的情绪需要是充满精神感召力量的，至少不能夹杂有负能量，负能量会衰减你的能量加持。

图片素材的主题选取趋于正向，比如有一天，你生病了，你拍摄了一组医院会诊的图片，那么你如果要通过它来构建你的吸引力金字塔，就需要保证图片里面的是乐观的，整个照片的背景是和谐的，图像不能过暗，应该是明亮的。

有规律性的发布是指：你的朋友圈的发布呈现规律性的发布，能量是一种波的传递，波具有周期性，你的朋友圈也是一样，需要周期性的发布。发布频率，发布的条数，还包括发布的素材类型，发布顺序和发布的主题，需要连续。

所以你应该已经发现，朋友圈吸引力能量金字塔的构建是一个系统的过程，具体的方法是不断地构建你的能量三角形。

C. 成交力

为什么进行成交力的构建呢？这也是力构建的一部分，在前面 6 度吸引力体系的解释中有提到，从图形学上解释，**成交意味着正三角形和倒三角的交合，会释放出巨大的新能量。**

所以你经常会发现一个这样的现象，一段时间没有业绩，突然一天出单了之后，后续的各种订单就都来了，仿佛打开了阀门一样，很神奇。

其实，从 6 度吸引力的角度解释，成交的达成会释放新能量，加持吸引力能量的同时，会生发出新的能量三角形，所以你会有这样的经历，在一单之后，会有更多的故事发生。

加持成交力，具体的做法就是在朋友圈构建成交力的能量三角形。思路提供一种：客户收货场景，与客户的成交合影留念，成交收款展示。

当然，成交力不仅仅局限于营销达成中，生活中的成交力构建也很容易。比如：你交往到的女友或男友，那么合影就是一种成交力构建，比如你组织和好友一起出游，并如期进行，这也可以作为成交力的构建。

（3）【值】

主要指发布的朋友圈需要具有价值感，价值感的塑造无论在生活中还是营销当中都是十分必要的，为价值买单，这是成交的前提，所以无论是人际交往，营销实战，家庭相处，都要有意识的进行【值】的构建，通过构建【值】的能量三角形，为你的 6 度吸引力能量金字塔加持。

价值构建能量三角形可以推演出：A. 自我价值；B. 社交价值；C. 思维价值。

A. 自我价值

自我价值的构建，可以从衣、食、住、行这些方面去构建；同时也包含个人标签的个性化定义。朋友圈的文案，评论当中通过持续的引用个性化标签，就可以构建自我价值的能量三角形

例如，在一家很有特色的餐厅就餐，这是生活价值的构建，出行的时候来到一家很不错的餐馆就餐，这也是生活价值的构建，等等。

自我价值的构建还包含有个人个性化语言的构建，这一点往往容易被

忽视，例如：你经常性的有一句话被他人引用，那么，它会自动的加持你的吸引力能量，每一次引用，都通过吸引力给对方发生作用。所以构建自己的个性化语言，可以持续的加持你的吸引力能量。

个性化语言的构建，会有单独的一套方法，朋友圈的吸引力构建当中也可以用到。

B. 社交价值

社交价值的构建，比如你和某某很有影响力的人一起就餐、参加会议、商谈、合影等；

再比如：你应邀参加了某高峰论坛、某知名的会场活动，或是你和某学校的知名人物、校花一起参与活动，这些都是你社交价值的展现，通过这方面的素材，进行朋友圈的发布，就可以构建社交价值的能量三角形，对朋友圈的【值】进行能量加持。

C. 思维价值

人的意识，是一种能量，通过思维意识，以能量波的形式和宇宙间万物进行通联；意识的律动过程，就是接收和释放能量波的过程，人的思维以这种形式进行信息，能量的交换。

你一定有过这样的体验：当你在小的时候，在大脑里不断的闪念一个好吃的糖果或是在大脑里不断的念想一件美好事情的时候，这个闪念通常会维持很多年，仿佛一直伴随着你。突然有一天，你当初的这个念想实现了的时候，你的大脑第一反应就是很自然，而且极其快速的浮现出当初的那一个闪念的印象；这时候的你，有一种发自内心的舒畅感。

这个过程，就是一个意识能量从构建到交合的过程，从最初的找到支点，构建出能量三角形，到一步步的去加持能量，最后完成 6 度吸引力能量金字塔的搭建，产生交合能量。场景变成现实的那一刻，即发生了交合，达成了成交，新的交合能产生。

所以，思维意识的能量构建可以非常好的加持你自身的 6 度吸引力。对应在朋友圈的打造上，具体的思路是：通过朋友圈素材搭建思维价值的能量三角形。

由此，可以推演出三个支点：感悟、思维记录、思维导图。

感悟指的是你的朋友圈文案里面可以发布你对生活的思考，你对自我认识的思考，你对生活，工作的思考等，输出你的思维律动，也许你会觉得，自己的所思所想、自己的认识会稍逊于大道！请你注意，你能够吸引到对方，取决于你的 6 度吸引力能量金字塔的搭建，而自我思维律动的输出，则是你构建思维价值能量三角形的一部分，不同能量三角形交合，方能激发出能量金字塔。所以，不用去在意你的思维意识本身是否具有十足的学术价值，或是哲学意义，你要做的就是输出自我真实的感悟。

这里有必要认识一点，虽然宇宙间能量之间普遍存在吸引力作用，但是吸引力的强弱有维度相关；通俗的说，你和任何人之间都有通联，但是这种通联是否足够强烈，达到构建出一条通往对方的能量同道，则取决于吸引力的维度，如果你能够构建出自己的 6 度吸引力能量金字塔，就可以轻松的构建出能量同道，达到深度吸引对方。

所以，在恋爱交往过程中，营销过程中以及朋友圈的构建当中，均不用考虑普适性的吸引范畴，你只需要做到构建能量三角形，和同维度的人进行交合就可以了。这一点和威廉·沃克·阿特金森所倡导的吸引力法则思想上是吻合的。

思维记录最好的构建方式就是写文章，通过文章来记录思维，这种方法的作用很强大，因为一旦成文，就具有了流传和保存的双重加持作用。文章当中有一种日志和连载的形式，值得借鉴。所谓日志就是需要你每天都写，每天进行思维记录，这个过程本身就是一种能量三角形的构建，通过持续不断的构建，对吸引力进行能量加持。

朋友圈如果能够做到每天持续地发布自己的思维记录文章，将对自身的 6 度吸引力能量金字塔的构建起到很好的加持作用。

思维导图指的是通过思维导图的素材形式直观地记录你的思维过程，运用这种方法的好处是直观。思维导图又叫心智图，是表达发射性思维的有效的图形思维工具，具体的做法是将思维导图以图片的形式在朋友圈发布。

2.S 系能量三角形的构建过程

S 系对应于 6 度吸引力体系中的倒三角形，在朋友圈的打造上可推演出：美（aesthetic），真（sense of reality），藏（Fuzziness）三个维度。

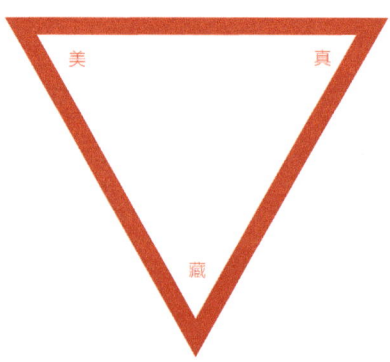

（1）【美】

美好、优美、和谐、匀称的东西，通常能让人感到身心愉悦和自然，给人带来好感。给人留下好印象，让人喜欢。

对美的构建能力最初的出现可能是偶然，但出现之后便由于物竞天择的道理被自然选择留了下来。

从进化论角度，不妨再大胆地试着想一下。美是对适宜于人生存种种环境客观总体特性趋势的模糊的直觉性总结。对美的构建便是对象是否符合这些趋势的直觉判断过程。因人和环境是不断变化的，故环境利于人生存的特性也是变化着的，所以美不是客观不变的，而是依着环境与人而改变，只能是在一定时期内对一部分人呈现出整体上稳定的特征。

从这一点看，美具有多样性。

在你的恋爱交往过程中，你是否有这样的经历：当被对方吸引的时候，对方却对你没有任何感觉，就像处于真空的宇宙中一样。

在你营销的过程中，你是否有这样的经历：当你很坚定的觉得对方会和你成交的时候，对方却无动于衷。

在你的微商创业过程中，你是否也有这样的经历：你很看好的产品，对方没兴趣，你觉得很不错的文案，对方没有回馈你，没有反应。这时，你很郁闷，很失望，甚至开始怀疑自己，这到底是为什么呢？

当你遇到这些问题的时候，不妨试试构建你的美的能量三角形，提升你的 6 度吸引力，这样，你在下一次遇见类似的场景的时候，或许会有不一样的奇迹发生。

朋友圈美的构建，具体的思路依据能量三角形的构建方法，可以推演出：A. 美人；B. 美景；C. 美食。

A. 美人

美具有天然的吸引力属性，当你的朋友圈中充满美丽的人的图片的时候，会自然的构建美的能量三角形，对你的6度吸引力金字塔进行能量加持。

美人可以扩展出脸美，形美和生活美三个维度；在朋友圈的素材选取上，可以有美人自拍，个人写真，生活美丽瞬间等等；如果原图不够美，那么可以用专业的美图去构建出美人的能量三角形，加持朋友圈的吸引力。

B. 美景

美景的构建可以扩展出：自然美景，旅游场景，聚会的生活美景，都市美景等等。

C. 美食

食物伴随着人类的生息繁衍，食物中蕴含着能量，人们对美食的追求，几千年从未停止过。

朋友圈子发布美食类素材，构建美食的能量三角形，可以最直接的对朋友圈吸引力进行能量加持。

美食的构建，可以推演出美食场景，美食特写，美食介绍，自创美食等。

（2）【真】

真，是具体的事物组成部分，具体的事情、行为、物体、语言，对个人和社会群体的生存发展所具有的公益性能、正面意义和正价值，是人们在接触具体的事情、行为、物体和语言的过程中，人脑受其刺激和影响产生强烈情绪感觉后，通过反思这种激动感觉产生的原因，从具体事物中分解和抽取出来的有别于"假"的相对抽象的事物或元实体。

求真是一种人本的天性，所以，真的事物总是容易被人们接受，即便有时候你遇到不够真实性的事或物。你也在意识当中很自然的想去进行真的构建。

在恋爱交往中，你是否有过这样的经历：你交往的男友或是女友，正处于交往和相互了解当中，某一天，他突然给你说了一句让你不太确定的话，例如：他说他的一件很好看的衣服是一个好朋友送的，你是否会私下很好奇的侧面打探一下，他这个到底是哪里来的，对吧，一定有过类似的经历。

这是一种求真的本能，是天性，当你的更主动的向身边朋友或是客户展现你真实的一面的时候，对方会很容的被你吸引，进而很轻松的就信任你了，是否有这样的经历？

展示真实的过程，就是你构建一个"真"的能量三角形，加持自身的6度吸引力。微信朋友圈对真的构键同样可以参照这样的思路，真的构建可以扩展出：A、真人；B、真品；C、真情。

A. 真人

真人的构建，可以扩展出：真实，聚焦，真诚三个维度。

真实：你的朋友圈素材必须是真实存在的，你的自拍也必须是真实的，这样的构建才会有真实感，才会对你的吸引力加持。

聚焦：指素材的主题和场景的拍摄上需要聚集。主题聚焦指你所发布的素材图片之间或视频之间，应该是关联的。

真诚：指的是你发布的朋友圈是真心实意的，是坦诚的，从内心出发，是没有带有任何负面情绪的去展示和传递，这样构建的能量三角形才会对 6 度吸引力进行加持。

B. 真品

无论是社交关系处理，还是微商创业朋友圈卖货，都讲求一个真字。你一旦给对方的感觉是缺乏真实的，那么，你是很难做进一步的 6 度吸引力构建的。

所以，真实是基础，真实体现在所售卖的产品和服务上指的是你的产品和服务一定要求真。具体的构建可以从产品的历史，生产，原材料分析，客户反馈来推演构建。

历史: 产品背后的故事。如果你进行恋爱交往，你通常会聊到你的家庭，家族，一般会往上聊 3 代去追溯，这其实是在告诉对方，你是从哪里来的。包括产品，讲历史渊源就是告诉对方，产品是真实的，有时空感的。

生产: 具体的产品，生产厂家的构建，最直接的构建方式就是厂家的实地拍摄，生产状态展示，资质的展示。

原材料分析: 了解一款产品最客观的方式是原材料分析；可以用对比的方法，数据分析的方法剖析产品的原材料成分。

客户反馈: 客户反馈的构建可以从客户对包装，使用感受，客户意见三个点去构建。

C. 真情

真实的情绪传递，是一种能量的传递，情绪的输出是能量三角形的构建过程，它会加持吸引力。你是否有过样的经历: 在看一场电影的时候，当场景里面展示出主人翁夸张过头的正义凛然的一面的时候，你会身体不舒服，皮肤会有一种麻麻的感觉。

你和男友交往的时候，当你的男友谈到一个话题，男友情绪激动的陈述他的观点，而且你感觉很有道理。这个时候，你是不是觉得眼前这一刻，你的男友特别有魅力？你可能已经不太在意他说了些什么。

发布朋友圈时，真情的构建可以参照真人的思路，这里注意真情不需要太过激烈的阐述；真人，真事，真情流露就是非常好的构建。题材的选取如果充满家庭的爱，充满对身边朋友的爱或是对社会的爱，那么带来的情绪感染是很强烈的，会释放出很强烈的能量波，激发对方的共振。

3.【藏】

藏是一门艺术，是为人处世哲学，也是一种技巧。《易经》里讲到：君子藏器于身，待时而动。在中国山水画作中，"藏"的艺术手法经常被使用。

藏指的是一种含蓄的，模糊的传递。看似模糊具有不确定性，但是正是因为这样的不可知，增加了神秘感。有了神秘感，会推演出代入感，不自觉的将对方代入你要描述的场景中。

在恋爱学的男女交往技巧中，用于男女朋友间互动的推拉方法，就是一种藏的运用。例如："不过我觉得我挺喜欢你的个性的，虽然你有点笨。"

在营销过程中，你也许有过这样的经历：当你描述一款产品的时候，说某某体验过，感觉很奇特的时候，对方会更主动的向你询问接下来的细节。

朋友圈中藏的构建，可以推演出：A. 语言"藏"；B. 图片"藏"；C. "自黑"。

A. 语言"藏"

语言藏指的是文案语言中通过使用概括性，不确定性语言来构建藏的能量三角形；具体的构建可以推演出概括性描述，不确定性描述，缺失性描述三个维度。

概括性描述构建：例如你去参加一场学习交流，你回来后写总结，一般的思路会描述一下学习的时间，地点，学习的主题等，如果是概括性描述，就是一句话了："今天烧脑一下午，收获很大！"。具体你学习了什么，收获了什么，都不写出来，这样就会给人留下很大的想象空间，这就是藏在语言描述中的构建。

不确定性描述构建：描述中运用"可能"，"或许"，"若可以" 等表达结果和时态不确定的词语，就可以构建出能量三角形，加持 6 度吸引力能量金字塔。

缺失性描述构建：指的是描述中通过描述信息的缺失来加持 6 度吸引力，例如：你去和一客户谈合作，谈的很成功，本可以发一条具体的描述来详细介绍整个开单过程。如果运用缺失性描述可以这么构建："今天，和一位身价不菲的老板聊了一下午，合作愉快顺利，谈下一笔不小的单"。至于老板是谁，多大的订单，均为缺失性描述，这样能量三角形就构建出来了。

B. 图片"藏"

图片"藏"指的是朋友圈图片素材的构建。图片的模糊化和缺失性处理，具体可以扩展出局部模糊，背景模糊，缺失性截图三个维度。

局部模糊：就是将图片的某一部分进行像素上的模糊处理，这样构建的目的是达到虚实相生的效果，给人想象的空间。

背景模糊：背景模糊就是在图片的处理上将背景进行局部或是全景的模糊，好处是突出前景，让整张图片聚焦，显得图片有层次感；同时背景模糊还有一个构建作用，可以将看似复杂的场景简单化。一般背景用户可以用在人像图像上面，用来突出人脸。

缺失性截图：指的是对图片进行裁剪，或是拍摄素材的过程中进行的人为的取景设置。具体做法：例如你取景人物的时候可以拍摄身体的一部分，而不是全部。

C. 自黑

"藏"的第三个维度是自黑，自黑即自嘲的意思。**自黑既是一种境界，也是一种沟通方式，解嘲的同时也是一种压力下的自我释放和治疗。**

对自黑的构建，不仅是彰显人性中真诚的一面，也是对自我的解读和诠释，虽然有时候你会感觉自黑带有一定作践自己的味道，但是正是这种宣扬和自黑之间的反差，容易构建出能量三角形，加持你的 6 度吸引力。

对自黑的构建，需要你具有一定的心理承受力，幽默感，把持度。自黑需要有度的拿捏，才会显得恰到好处。招人疼爱的自黑是需要拿捏分寸的，不是单凭一身敢于拿自己开涮的莽撞勇气便可一试，像幽默是智慧的火花一样，都是背后需要强劲的心脏和转动迅速的大脑支撑的。

这种自黑的构建，你会经常在艺人明星的微博中碰到，通过一种宣扬和自黑的反差，产生相互作用，达到构建能量三角形，起到加持 6 度吸引力的作用。

一组朋友圈自黑的构建，它的好处是能够快速的拉开话题。自黑，不是名人的专属，恰到好处的自黑，对增强朋友圈的互动性，有着很好的加持作用，给对方一种重新认识你的立体感，对方会很自觉的觉得你有境界。

总结

本文从 6 度吸引力的角度，结合朋友圈的构建，以帮助粉刷匠打造微信朋友圈的 6 度吸引力能量金字塔为目的，提供了一套微信朋友圈吸引力构建的思路和方法。

微信朋友圈的吸引力构建过程，是一个持续过程，坚持运用文中提供的思路和方法，结合 6 度吸引力体系进行构建，你的朋友圈将会发生神奇的变化，若能持续地运用和不间断地练习，它将带给你更多让你意想不到的惊喜。

第五章

揭秘：微商传媒打造爆款的核心策略

第一节　爆款打造五部曲之一：疯狂体验

疯狂体验，其实很简单，就是试用装派发，分为本地现场派发和远程快递派发两种。

微商传媒在推广每个产品之前，都会对产品是否可以成为爆款进行预测，只有那些有潜力成为爆款的产品，我们才愿意推广愿意卖。因为你让粉刷匠卖货，肯定卖最简单最好卖的嘛。

解释起来费劲，咨询成本高，卖起来就很麻烦。

凡是能够让用户体验的产品，我们都让用户体验；不能体验的产品，我们也会想办法让其体验。

体验的好处有三点：

第一，用户对产品有感知。

第二，用户占了一点点便宜，买个好感。

第三，用户可以反馈回来很多素材，为下一步的产品大卖提供素材，这个超级有价值。

我们曾经做过哪些产品的体验呢？

很多很多，现在举几个例子说明，这些方法对以后的其他产品推广依然是有效的。

第一个案例：海魅儿面膜

当时做了 9.9 元包邮 2 片面膜体验装派发，如果单独购买 2 片面膜需要 30 元，还不算邮费的。搞体验活动，我们只要 9.9 元，就可以免费体验了，用户捡了一点便宜，就很开心，活动很火爆，五百套一夜之间哄抢而光。

用户用完，觉得不错，就会下单，然后就自动卖起来了。

第二个案例：足禧本草足膜

这个产品是养足护足产品，当时我们在广州的微商博览会，做现场派发。虽然不能当场脱鞋感受，但是每个人都领了一包回去，凡是要领取体验装的人，我们都会加他们的微信，然后加了几千人微信，回去以后再对这些人进行转化，效果很好，尤其是去年夏天的时候。旺季，就算是不能现场体验，依然埋下线索，便于联络客户做成交。

第三个案例：羽乐眼罩

眼罩是缓解眼部疲劳的产品，当时我们有一个粉刷匠，在火车上做了用户体验。因为大家都知道，长途都很奔波很累人的，如果这个时候，有人愿意免费送你一款产品缓解眼部疲劳，你愿不愿意要？

肯定要啊！怎么办呢，还是要加微信，给你发一些产品资料，告诉你使用方法，直接给你戴上，有人觉得很舒服，然后马上就要买，怎么办呢？加微信，付款，给地址，直接在我们下单系统下单，安排厂家发货。

那个粉刷匠在一趟火车上，就把一盒装拆开，一片一片送给周围人体验，当场下了 7 个订单，这说明现场感受很奏效，人们也愿意配合并接受。

第四个案例：泸州老窖小酒

泸州老窖小酒的产品，比较男性化，我们搞成一瓶的试用装，考虑到有酒没有菜不好，我们对体验装进行了升级，原价 25 元一瓶的小酒，你只要 19.9 元就可以拿到，还送一袋花生米，酒和菜都有了，多爽。

然后靠这样一个营销策略，我们光试用装就派发出去上千瓶，外加一场培训课，全部下来，销售了几十万，效果非常猛。

第五个案例：怡口莲每日坚果

每日坚果一箱子 158 元，送不起怎么办呢？拆开，一包一包体验，一包价值 15.8 元，给大家免费发产品，只承担一个运费。500 多份名额不够抢，抢完了很多人喜欢，结果卖的很不错。

第六个案例：林诗梦内衣

内衣比较贵，尺寸大小不一，像这种产品试用，也可以操作，只是成本高。为了降低成本，提升效果，怎么办呢？很简单，找意见领袖。

意见领袖做内测，她说好，那么她的粉丝就会觉得好，也就是搞定一个人，影响一片人。

我们先在微商传媒城市 CEO 喊了一下，结果有几十位女性 CEO 站出来愿意测试，每个人白领到一套内衣，连邮费都不要了，她们收到以后，都得到好评，还有人提供素材。

这样做，不仅是有图片可以刷屏，还可以有真人代言，非常有说服力的，卖起来也很好，因为有人替你测试了，你就可以放心了，尤其是替你测试的是你信得过的人，那么买单是很正常的。

要想微商做的好，你必须敢让人体验。不敢让人体验肯定是不行的，舍不得让人体验也不行。

微商做得好的，就是两种人。一种是胆子大，敢胡说，敢骗的人。一种是踏踏实实，真正为客户着想，舍得付出的人。

前者骗的是小白，后者取悦的是客户。骗人不长久，取悦客户才有复购和转介绍，这才是王道。

所以一款产品，能让用户体验，就尽量让用户体验。只有他体验完了，认可了，你这才算基本过关。

为什么说基本过关，因为成功很难，还有很多细节需要你做好。但是如果连试用都没有，很多人你不给机会尝试，那么订单肯定是有损失的，毫无疑问。

如果你逛商场的时候，你会发现有很多东西可以试吃，售货员把商品切成小块，或是倒入小杯，你总能免费吃一口或是喝一口，如果觉得不错，我相信你是有很大可能会购买的。

如果免费体验没有用，我想他们也不会站在那里，很辛苦的背个喇叭在那里喊了吧。

做微商，和做其他生意一样，都需要用户付出，微商是个好行业，但不是投机取巧的行业。技巧有，你需要善于体会，灵活使用，同时最基本的，每套方案你都要落地执行，有舍必有得，如果舍了得不到，那么能量就不守恒了，宇宙的基本规律就是能量守恒。

所以，在获得技巧的同时，你不断去创新，去实战，一定错不了！

第二节　爆款打造五部曲之二：礼包促销

一款产品经过用户体验以后，觉得不错，必将引发购买。

那么在购买阶段，如果可以很巧妙地设计大礼包，让用户带动传播，是很好的裂变方式。

有的产品不适合设计礼包，因为成本比较高，有的就非常容易设计。

比如我们之前给固本堂阿胶糕设计了一个大礼包。

首先固本堂是大品牌，天猫、京东每天销量很大，产品很赞，厂家有实力，然后针对阿胶糕这个产品，我们设计了周边大礼包，包含阿胶枣、菊花茶、不同口味的阿胶糕试吃装，还有就是小剪刀等工具。

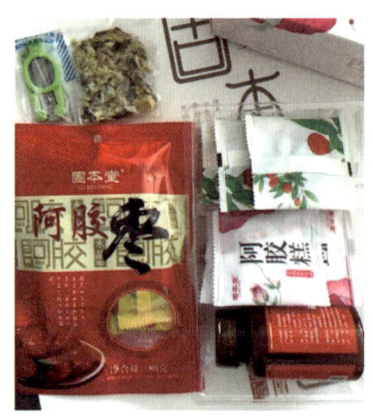

199 元的阿胶糕，我们赠送价值 199 元的大礼包。

但是大礼包，并不是人人都可以获得，而是要经过发朋友圈截图才可以获取，因为这样可以让用户帮忙传播，带动销量。

如果用户不发朋友圈，就没有赠品，发了才有。为了赠品他们也会发。

大礼包设计的原则：

第一：赠品要给力，听起来让人充满期待，种类要多，种类多表示价值大，种类多给别人想象空间大，看起来更超值。

第二：大礼包里面要包含可以带动销售的产品，比如卖的是阿胶糕，那么送的也必须有阿胶糕。卖啥不送啥，送一堆没用的，那是得不偿失、用户也觉得没意思的做法。

阿胶糕有两种口味，你买 A 口味，我就送你一些 B 口味的赠品，让你尝尝。如果你喜欢上了，说不定还要买一些 B 口味的，这样就有效地拉动销售，实现业绩增长。

第三：大礼包获取，不要过于繁琐，有人又要发朋友圈，又要集赞，太麻烦，用户实现起来很繁琐，他们就会烦，觉得你没有诚意，然后还可能不参加了。

大家要明白一点，设计大礼包，是一个二次消费的诱饵，必须让更多人参与进来，门槛不能没有，但是门槛只是象征性门槛，你搞得太严格，就会失败的。

第四：大礼包要有稀缺性。不能常年轰炸下去，该结束就要果断地结束了。

很多人觉得大礼包不错呀，可以长期做，这样其实不行的，开始产品不火，可以用大礼包带动。卖卖就卖开了，就不用大礼包了，所以该结束，就要结束，这样做的目的是让人抓紧，让他们珍惜，并且积极参与。

那么大礼包结束以后干什么呢？

其实简单。这就好比孩子断奶一样，你不让他吃母乳，总要喂点奶粉吃吧，不然不得饿死呀。

所以，大礼包没有了，但是其他的必须有。

还是拿固本堂来举例子吧，比较直观一些。

我们大礼包没有以后，微商传媒依然出钱采购了一些试用装，也就是散包装的那种。

其实说到这里，我们应该把礼包促销，分成上半场和下半场。

上半场礼包结束，下半场我们该送纯粹的阿胶糕。

因为我们卖的就是阿胶糕，下半场，我们采用了买就送的策略。

只要你买一盒阿胶糕，我们就送你 15 片。买的多，送的多，按照一盒 15 片配发给你。

然后这 15 片，我们希望是什么呢？

希望这个赠品，是便于分享的，分享给你的朋友。

比如我们正在上班，突然接到一个快递，我们打开一看买的阿胶糕到了，怎么办呢？让你把自己买的分给同事尝尝，你肯定心疼肉疼啊，所以我们送给你的是 15 片试吃装啊！

你可以把这个发给你的同事，让他们体验一下，如果好吃，他们可以下单购买，找你买，你可以拼单，获得更多的赠品，大家都会很开心，而你什么都没有损失，也因此在大家心里落得一个好人缘。

　　如果你是微商传媒的粉刷匠，其实你可以顺带兼职赚点小钱，因为他们去哪里买都是买，找你买没有吃亏，而你因为帮助我们推广，我们会让你赚取一些佣金，合情合理，皆大欢喜！

　　这个下半场玩法怎么样？

　　其实就是上半场的变种，更专业，更聚焦，更容易分享，也更有效果。

　　但是促销礼包，如果颠倒顺序，上来就玩下半场，也是不好的。

　　必须让用户有新奇感和惊喜感，套路不能太死板。

　　以上内容，好好揣摩，必有收获。

第三节　爆款打造五部曲之三：作业营销

什么是作业营销呢？

这个其实是我起的名字，作业营销，我们主要是用到富兰集团旗下的几款产品，比如护士茶，Udo 油上面。

护士茶是一款在北美非常畅销的保健品，但是在中国刚刚起步，这个东西有上百年历史，被无数人见证其神奇性，但是中国老百姓不知道，没有感知啊。

在这样的情况下，我们和富兰中国的董事长付林谦博士商量，是不是可以搞个大型的体验。

什么大型体验呢？就是半价体验，原价 1000 多块钱的产品，现在只要 500 块钱，限量 100 套。

这个活动从创意提出到产品抢光，几个小时的工夫就没了。因为太便宜了，都抢疯了。

但是这么大的福利，直接白抢又不太好，所以我设计了一个机关，这个机关就是作业营销。

你可以抢，我也可以给你福利，但是你一定要干活，不干活不行。

干什么活呢？很简单，连续发 10 天朋友圈。

你下单需要 1000 元，收到产品，开始体验，然后连续 10 天在朋友圈连续播报，把自己的作业情况发群里，最后完成 10 天的作业，我们就给你返回 500 元，其实你还是 500 元买的。或是你花 1000 元买的，但是你每刷一天朋友圈，我们就奖励你 50 元现场播报的广告费。

这个创意比起直接优惠 500 元，只需 500 元就可以拿到 1000 元的产品要好很多。

第一，过滤占便宜不干活的人。

第二，增加干活拿返佣环节，可以获得连续的广告宣传。

第三，长期轰炸获取用户信任，达成合作，提升交易量。

简约而不简单，这个创意真的很绝！

事实的结果呢？

非常非常好，销量翻了 5 倍，用户反馈特别多。素材多了，我们朋友圈宣传文案就多，进入了良性循环。这个产品就玩起来了。

第一个产品效果好，我们就如法炮制，把作业营销用到了 Udo 油身上。

Udo 直接买要 900 多元，完成 10 天的作业，返 400 元，也就是相当于 500 元购买，还是非常划算。

但是 Udo 这个活动，有点小插曲。

什么插曲呢？

就是大家对 Udo 的好处认识不够，开始有点无动于衷的样子，但是等我们在群里分享完了，觉得好了，赶紧想买，却发现又没有了。

那么优惠都被谁买走了呢？

呵呵，第一拨的人，他们发现护士茶很好，发现微商传媒没有坑他，所以他直接选择了信任，直接拍下 Udo 油，因为他们知道这东西肯定也错不了。

结果就是信的人抢到来，然后做作业了，然后拿到 400 元每单的返款了。

其他人，没有参加到活动的，要么对我们的社群信息不关心，要么我们说啥他也不信。其实这些都正常，因为活动数量非常有限，只有 100 套，这是远远不够的。

但是这批种子用户，已经非常好的引燃了整个项目，产品大卖是很自然的事情。

现在的情况是，在微商传媒的渠道，护士茶和 Udo 油卖的都很好，没有瘸腿，不是 A 好 B 不好那样，是 AB 同时都很好，这一定是作业营销带来的直接结果。

所以我认为，把一个东西做好，很简单，不要整天挖空心思去想一堆没用的。

你看我们的方案，干净利落，每一分钱都花得值，厂家得到推广，用户用上好产品，粉刷匠推广有收益，多方共赢，非常不错。

其他产品，也有作业营销的影子。其实作业营销，也有体验营销的一部分内容，多种打法相互配合，才能有理想的效果。

我们之前给乐颜莉斯发膜帽，搞了一个 40 万地推补贴的活动，其实也有点作业营销的影子。

我们是让小伙伴把乐颜莉斯发膜帽推广到线下服装店，跨界"打劫"美发店。只要推广一家给 40 元补贴，这个东西不大，金额不高，很好推广，准备了 1 万个名额，准备推广到 1 万家商户里。

小伙伴真有很多去做了，推了，也成功了，然后完成作业，我们就会统一奖励。挺好的，非常有效果。

分享讲完了，有收获吗？

第四节　爆款打造五部曲之四：产品社群

产品社群，顾名思义就是产品＋社群。

以产品为中心，以社群为组织形式，在社群里面做产品培训、答疑和售后，经过测试，这种方式对产品销售非常给力。

社群在移动互联网时代，你可以简单理解成微信群。之前我也玩过QQ群，那是PC时代的产物，微信时代就是微信群，手机不离手，群消息随时看，极其方便和高效。

以护士茶为例，给大家说说如何通过产品社群来打造爆款。

一个产品要长期火爆，才叫爆款。

前期的宣传、试用等等都是爆发性的营销，要想把爆发性的东西变成常态，需要一种形式来承载。

一见钟情就是爆发性的，结婚是让这种好感得以延续。如果不结婚，那就是一夜情了。我想绝大部分人想结婚，所以，社群是必选，是标配，是无法被取代的存在方式。

护士茶是一款极其特殊的产品，中国人对保健品存在偏见，大部分人不愿意相信其效果。

其实，开始我也不信。

但是，产品社群模式征服了我。

为什么呢？

因为无论是文章也好，还是其他宣传也好，那都是个体行为。

而社群是群体行为。

只有群体存在，才会产生群体控制。

群体控制不是别的，你可以把群体控制简单理解成大部分人对你的影响。

社群、微信群里，有很多成员，这些人代表着不同个体的意见、看法，他们会提供反馈、感受等等，这显然不是某一个人能控制的，个体是无法控制群体的。

虽然我是微商传媒的创始人，但是我也很难控制所有的粉刷匠，这是控制不了的，所以当大家都说好的时候，一定是真的，一定是可信的，不是我花钱雇人当托说好，而是真正的来源于用户，这有着极强的说服力。

所以，社群模式对于那些产品质量过硬、服务又非常认真负责的团队来说，效果无与伦比地强悍！

只是，我们现在的所处的时代，存在两个难点

第一，产品不够好，大部分粗制滥造，没有工匠精神。

第二，服务不够到位，没有核心用户思维，总是以产品为中心，不懂用户终身价值。

所以，明知道社群很好，但是大部分人也是玩不转的，难以让社群营销发挥强劲效果。

护士茶怎么玩？供大家参考借鉴。

首先产品得好，同时团队服务也得好。

护士茶在北美有百年历史，用户无数，创造的奇迹无数，从社会名流到普通百姓，粉丝数不清。

操盘团队成员个个都厉害：付林谦博士是富兰中国董事长，李浩是健康全球购CEO，付林涛是健康专家，营养师露露是助理，还有一个发货的客服。最低配置5个人，在群里长期互动分享。

傅博士经验丰富，为人靠谱，会经常分享案例。

李浩给我对接制订营销计划。

付林涛常常给大家做答疑，相当于私人专家一样，群里问题，逐一回答。

露露做公众号文章，也会配合互动。

有发货问题，对接客服处理。

全套下来，每个人负责不同板块，把微商传媒护士茶用户群玩得风生水起。

在我们所有的产品当中，护士茶群是玩的最好的一个。

护士茶的销售业绩也是最好的一个。

你想一下，一款加拿大的保健品，那么遥远，来到中国，却被很多很多全国各地的用户接受、认可、愿意传播，这不是一个容易的事情，对吗？

但是我们却做到了，而且很轻松，几乎没有什么成本。秘诀就是好产品，好人，好模式，好好付出！

第五节　爆款打造五部曲之五：线下地推

微商也要地推，而地推又是很传统的营销方式，所以这会导致人们误以为微商不需要地推。

微商在微信上做生意这个没有错，但是生意不能只在微信上做，我们不做的，要让别人做，大家产业链上下游分工来合作！

关于地推这件事，我们做了很多尝试和探索，效果很好。

比如泸州老窖、黄桃罐头、防臭袜、乐颜莉斯，等等，而这些地推又各有特色。

先说说泸州老窖，泸州老窖出了一款 Q9 的小酒，迷你、可爱。当今白酒市场竞争非常激烈，小酒的包装非常小，Q 版很可爱，所以对于我们的微营销渠道来说，非常吻合。

但是线上只是一部分，我们重点还是让小酒能够落地，也就是通过线上指导，让小酒在全国各地的餐馆、超市、便利店、大排档等等可以引发消费，铺设渠道，达成购买。

不过这个也太司空见惯了，所有的酒厂业务员都知道疯狂去跑店，谈合作。

所以，为了在同行竞争中更胜一筹，我们在最后 10 米做了升级。

　　传统小店，只知道把酒摆在吧台，一眼望去全是酒，作为用户来讲，不知道喝什么，这个时候就会出现茫茫然的选择困难症。然后老板娘就会说：泸州酒不错，你可以尝尝，客户就说：那好，来瓶这个。

　　而泸州酒并不一定是真的好，极有可能是利润大，卖一瓶顶其他品牌酒3瓶的，所以会被首推。

　　在这样的市场现状下，我们推出了一个可以营销的酒座子，如图

摆上酒就是这样子

放到店里就是这样子

最后客人喝的效果就是这样子

还有更能喝的，看图

这下懂了吧?

一个可以摆在桌上自动营销、屏蔽对手的酒座子，放到客人眼前，就可以带动消费，让你被动赚钱，比起那些束之高阁等待认领的酒来说，是不是先进了 8 条街?

要说大招，其实很简单，但是大招背后对人性的挖掘，对消费心理的掌握，非常重要。不知道这个做法对你有没有启发。

微商传媒有一款黄桃罐头卖得超级火，一直经久不衰，其实地推也起了很大作用，相比小酒固定的消费场所来说，黄桃罐头可以地推的地方就太多太多了。

现在生意都讲究跨界，如果把会议和罐头结合起来，你猜会怎么样？给你看图，就明白了。

看 Pose 就知道，这些用户都挺愿意代言的，好产品就是这样，用户认可，会情不自禁流露在脸上，还有比这更好的传播吗？

至于说小区搞活动，送宝宝黄桃体验加妈妈微信等我就不说了，因为地推方法根本就说不完，这真是一个凝聚群众智慧和实战的好案例。

微商传媒做的就是把好产品输送给创业者，任他们发挥，然后共享创业经验和技巧，帮助更多的伙伴一起成长。

每一款爆品的打造，都需要很多细节来支撑，在不同的阶段，由不同的营销策略来指导。

地推的核心，是把线下的人加到线上微信里，然后借助朋友圈传播，微信聊天互动，再保持这种人脉关系不丢失。

我们的一生，要和很多很多人去链接。随着时间的推移，人脉的增多，这里必然蕴含极大的商业价值。

很多人把微商想得太狭隘，认为朋友圈刷屏，卖三无产品才是微商，这一定是因为思想意识还没有打开。

现在各行各业，都在不断的把业务应用到微信里。

卖家具的，会加客人微信，方便传送一些图片，后续有什么需要的再联系。其实，有时候他们没有营销意识，但是他们却首先选择了微信，为什么呢？因为可以免费发图！手机多麻烦，还要收彩信费。

送货的、搬家的愿意用微信，为什么？因为可以发送位置信息，直接导航一下就好了。

卖房子的愿意用微信，方便给客户发一些样板间图片，远程勾引。如果是打电话，一定是被挂，因为客户很烦，天天接到类似电话不断。如果能加上微信，不断的刺激，没准就可以带来成交。

在我眼里，你只要用了微信，你就是微商。

在传统的世界里，人们用电话、短信联系生意，没人管自己叫电话商、短信商，但是有了 PC、电子商务，人们开始叫自己电商。有了微信、微博等，人们开始叫自己微商。

微商是一个时代的进步，也是每个商业形态的归途。

不管你做什么，你都适合用微信做传播，如果这种传播可以带来商业价值，你就真真实实地在干微商。

未来，微商必然会渗透到各行各业，只是轻重程度不同而已。总体而言，当你明白了用户的终身价值以后，明白了产品思维被用户思维取代以后，明白了社群经济可以让人性得到回归以后，你就知道了，原来微商这么美好。

而我们讲的那些技巧方法手段，顶多就是微商这棵大树的细枝末叶，关于微商爆款打造，还可以装入更多的干货和绝活，但这个使命应该交给更多精英和手艺人，让他们不断去探索，不断去发掘，这就好比一个优秀的厨师，给他有限的食材，总能搭配无限的菜品出来。

封面人物

粉　哥　本名：周良东，凯里 CEO，电商支书，微营销专家。
微信号：342303082

微商传媒合伙人，厂家合作首席谈判，凯里站城市 CEO，站在新平台新起点上，我会继续将所学到方法复制放大，在"互联网＋"的大背景下，带领更多的优秀青年实现轻松创业。
2015 年 8 月 23 日加入粉刷匠，9 月升级为 CEO，
10 月、11、12 月：连续 3 个月被评为明星 CEO！

封面人物 NO1 粉　哥

放牛嫂　首届北大微商创业家特训营导师，微商传媒总裁。
微信号：606498

操盘多个微商项目，参与并见证某化妆品牌从 0 到 10 亿整个过程。我的口头语：微商的路上我陪你，微商的困惑我帮你。不管你是刚刚开始接触微商，还是已经做过一段时间没有什么成绩，真心的和大家说一句话，不要轻易放弃，大多时候，你离成功只差一点距离！

封面人物 NO2 放牛嫂

严子龙　微商传媒深圳 CEO
微信号：e29992

我 1988 年 12 月 3 日出生，血型为 O，射手座的我，性格活泼开朗，积极向上，喜欢帮助别人。
我的绝活是霸占头条，一篇文章可以轻松做到十万阅读量，吸引成千上万的客户，牛的不要不要的。我很擅长用软文营销去吸引精准的粉丝，如果你也想学习网络营销，欢迎加我微信。

封面人物 NO3 严子龙

陈守锋　南宁 CEO，【牛哥桂味】创始人。
微信号：xfeng721

"中国荔枝之乡广西灵山"的一名果农。团队专业种植荔枝二十年，我们只产最好吃的荔枝——"桂味"。
我的优势是多年林化行业与求学工作的经验及积累（人脉及历练）。希望在新的领域、新的思维环境中，能与自己的团队一起学习、一起成长。

封面人物 NO4　陈守锋

牧马哥　微商传媒合伙人，天津 CEO。
微信号：6107161

生于 1985 年 4 月 15 日，老家四川绵竹，04 年北上天津求学，从此扎根天津。
2015 年 1 月从工作 6 年的单位离职创业，2 月因需要推一篇文章，巧识放牛哥，5 月加盟微商传媒，从此全身心投入，把微商传媒当一份终身事业来做。经过一年多发展，目前我的直属粉刷匠 96 位，拥有天津最大的本地微商社群。
天津微商创业第一人；粉刷匠金牌导师；微营销实战专家。

封面人物 NO5　牧马哥

林　雨　微商传媒合伙人，高级副总裁，泸州 CEO。
微信号：2500163

我 2004 年大学毕业后一直在互联网上做生意，或者说，创业。互联网发展之快，机会叠出，既令人兴奋，又每每喟叹：我怎么又没赶上？这是很多创业者的心声。
然而创业者创业之心不死，终于让我遇见微商传媒，这是一个机遇，而不是一个机会。说它不是机会，因为发现，追逐"机会"的投机心，会让你永远奔波在寻找捷径的路上，唯有看似缓慢的踏实积累才是成功的坦途。说它是机遇，因为它是移动互联网时代浪潮送给 80 后、90 后的一个可以长期耕耘的平台。

封面人物 NO6　林　雨

高国庆 微商传媒绍兴 CEO
微信号：9526519

来自浙江绍兴，是一个热爱生活，热爱分享，喜欢品质生活的"大男孩"。2015 年，通过网络认识了放牛哥，了解了微商传媒，得知微商传媒有很多高品质产品，还有健康的微商模式。果断加入，11 月份成为微商传媒绍兴 CEO。愿意为大家分享优质产品，成为品质生活的倡导者！也愿意帮助志同道合的伙伴一起在生活中创业，在创业中生活！理念是：轻松微商，乐享生活！在这里，期待认识你，真诚相待，合作愉快！

封面人物 NO7 高国庆

闵小白 本名闵鑫，湖北人，教师创业自明星，武汉城市 CEO。
微信号：15391538152

2015 年开始全身心的投入微商传媒事业，擅长微信营销，朋友圈营销，文案策划，团队打造，社群运营和推广；目前是微商传媒文案团队的核心成员，迎新团队组长，旺铺计划专家委员会主任。

封面人物 NO8 闵小白

谢文旺 现为郑州和谐门窗有限公司联合创始人，郑州微商创业孵化器有限公司创始人，微商（北京）传媒有限公司合伙人、城市 CEO。
微信号：8851944

毕业于河南财经政法大学，曾任金星啤酒集团山西公司销售管理部经理、郑州和谐门窗有限公司创始人之一。
从事传统行业 20 年，具有丰富的实战经验，现专注于传统行业与互联网行业的结合运用，力争带领更多的优秀创业者实现"轻资产、大平台、快变现"的轻松创业梦想！

封面人物 NO9 谢文旺

莉　珊　微商传媒合伙人，城市 CEO，执业药师。
微信号：645709438

13 年医药行业经验，服务于粉刷匠创业社群，专注健康领域，以知识和良知为个人、大众提供健康服务。订阅号：珊言良语 。

封面人物 NO 10 莉　珊

张育志　微商传媒温州 CEO，高级工程师，SEO 专家顾问。
微信号：81060566

早期互联网创业者，搜索引擎优化 (SEO) 专家顾问，温州站长联盟创始人，引导最新的创业理念和能落地的实操方法，我希望能把我的收获分享给更多和我一样不安于现状的朋友们。

封面人物 NO 11 张育志

杨崇军　陕西渭南人，微商传媒合伙人，渭南 CEO。
微信号：664585299

西北新闻学院（陕西日报社主办）新闻采访专业学习三年，从事商店、超市运营三十三年。一直关注互联网的发展，随着移动互联网（微信营销）的兴起，看到了新的商机。在放牛哥创建的微商传媒平台，找到自己施展的空间，把自己三十多年地面店运营的经验，结合移动互联网运营模式，带领团队，线下做好地面推广，线上分享实战经验，让更多的伙伴，在微商传媒粉刷匠社群，发挥自己的聪明才智。

封面人物 NO 12 杨崇军

封面人物 NO 13　傅林谦

傅林谦　护士茶中国第一人
微信号：Floressence

一个知天命的女人，一个职业女性，一个女博士，母亲，女儿，还是妻子，愿意分享我的专业知识，或许还有些价值。把北美销量第一的清毒产品：加拿大"护士茶"——富兰·益赛思（Flor·Essence）引入中国。

封面人物 NO 14　张　兵

张　兵　执业高级宠物驯导师，网络亲子课第一人。
微信号：409935702

我专注于宠物行为研究、宠物行为调整训练。已有10年宠物训练经验，近5年潜心专注宠物行为培养、异常行为纠正以及宠物日常社会化训练。我能够根据宠物异常行为问题的发生，找到其根源，针对性提出相应的行为调整解决方案。因为在行业里浸淫已久，多次被南宁本地媒体采访报道，多次与媒体共同举办宠物方面的公益授课活动。在这些年的宠物行为训练中，我总结了一些行为调整训练经验，欢迎加微信一起探讨交流。

封面人物 NO 15　雨　夏

雨　夏　林诗梦创始人
微信号：578195482

来自于上海，我是一个认真执着，敢想敢做的双宝妈族，一直走在创业路上的80后，粉红丝带乳腺健康的倡导者，是几千人团队的培训导师，创建林诗梦是为了让中国女性穿上好内衣，拥有健康的好胸型，并且通过健康产品，带领世界女性 让她们实现创业梦想。
创业路上没有那么多的借口，成功的意味着你比别人更加勤奋，意味着你比别人有更多的选择，意味着你比别人更加优秀。
跟靠谱的人，做靠谱的事情，林诗梦等着你，欢迎勾搭。

滕娇娇　上海海事大学法学硕士，猎头顾问，原生蜂蜜推广者。
微信号：376971634

世有伯乐，然后有千里马，千里马常有，而伯乐不常有！愿有机会成为更多人的伯乐！
2015年涉足微商，拥有自己的原生蜂蜜销售团队，致力于推广原生蜂蜜及蜂蜜养生法，让更多的人吃到真正的好蜂蜜，让更多的人获得健康，拥有良好的身体素质，实现健康快乐的生活！
愿我的朋友们因我而更健康、更快乐！愿广交天下好友，拓展眼界，不虚此生！

封面人物 NO 16　娇　娇

田道波　厚德科技创始人，传统文化弘扬推广，实践者。
微信号：ok8288

擅长用腾讯企业QQ做大数据库营销。2003年开始从事网络推广。从百度SEO开始，所推广的企业都占据了百度推广关键词的第一位。2007年利用站群技术，实现了推广企业的行业霸屏。2014年7月始，秦仪会归来后，先后加入艾王府，机遇天下，实战者联盟，放牛班，图腾团队等一流的网络营销团队。开启专业网络营销时代。接着于2016年3月加入正大肽琦，创办厚德科技。打造一流的直销国际教育系统。

封面人物 NO 17　田道波

罗洁云　京城拆迁专家，不动产投资专家，美食家。
微信号：LUOJIEYUN006688

在北京，人们盛传的幸福人生是：买罗洁云卖的房子；住罗洁云装修的房子；吃罗洁云推荐的吃的；让儿子等着罗洁云去拆迁。

封面人物 NO 18　罗洁云

封面人物 NO 19 段钊云

段钊云 移动互联网实践者，手机创业导师。
微信号：960109621

生于美丽的云南，毕业于西北政法大学，追求自我，具有敏锐的商业眼光，连续创业者，具有多次成功经验。微商传媒是先进的趋势性商业模式，本人愿与天下有识之士一起追随放牛哥，把微商传媒打造成全球性服务平台！每天不断的重复练习，你就能练就绝世武功；做好微商的秘诀就是每天不断的按照教程狠狠执行！狠狠执行！狠狠执行！

封面人物 NO 20 准 恩

准 恩 微商传媒城市 CEO，暖牛电暖器投资股东。
微信号：1989023456

传统生意做了六年，2013 年接触微信营销，2016 年开始做微商，先是做了传统微商，适当囤货，后经秦刚老师的介绍跟随放牛哥做微商传媒粉刷匠三个月。
在了解更多以后，决定全力做城市 CEO，招募更多粉刷匠开始创业，在信息飞速发展的时代，能够抓住稍纵即逝的机会相当难得。时刻准备好，这样在机会来临的时候你才能一把抓住，有时只需要一个简单的相信听话照着做就能改变。懂的方法不用太多，一招走天下。

封面人物 NO 21 元 素

元 素 本名袁素萍
微信号：Y_S_111

我说，保健养生是个永恒的主题。保健养生，让我摆脱口腔溃疡的反复发作，而医院也可解决一时，但总是频繁地反复犯病数年。保健养生，让我因一场痢疾所致的长达 28 年的便溏不成型终得痊愈，期间常服用中药和中层药均没效果。保健养生，让我甩掉亚健康，而医院检查指标一切正常。保健养生让我收获健康的身体！保健养生，质量可靠的保健产品，助你事半功倍。

大米哥　本名：李春雷
微信号：15106926789

我是新农人——幸福的大米哥，一个连续创业者，99 年毕业从一名美术教师到自主创业，做过床品、服装、餐饮，07 年和老婆转战济南，从夫妻店到小俩口烤肉项目全国近百余家店的扩张，13 年开始从餐饮业转型农业，从卖大米到种大米直到创立黑沃农业和沃农社众筹空间。做为曾经的餐饮人我深知食品安全要从源头抓起，成为如今的新农人我更加熟知食品安全是一种责任和使命。

我是幸福的大米哥，我在五常有块地儿，我在幸福中去卖大米，在卖大米中传递幸福……

很庆幸加入新农人的行列，为此骄傲和自豪！

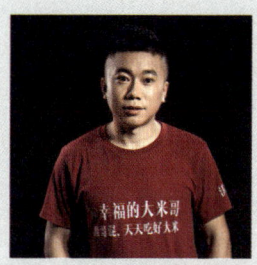

封面人物 NO 22　大米哥

赵　力　微商传媒临沂 CEO 秦王会终身会员
微信号：987299

县城公号联盟创始人，具有丰富的地方自媒体运营经验。

封面人物 NO 23　赵　力

林大海　深圳特色 奢华小菜 大海 XO 酱创始人。
微信号：YDH99991

深圳是一座充满活力的年轻城市，有各式各样领先于世界模式，唯一缺少了一样可以代表深圳特色小吃。我曾在粤海酒店当了几年厨房学徒，又是一个吃货，又是旅行者，慢慢研究出以 XO 酱为基础的奢侈小菜：采用顶级元贝、金钩虾、金华火腿、蒜头等精制而成一道小菜。嚼劲十足，越嚼越香，好评如潮。

一年多时间从家庭作坊到如今办一定好食品厂。只生产一样产品大海 XO 酱"品尝一定好　生活更美好"，深圳终于有自己的特色手信：一定好大海 XO 酱系列。

封面人物 NO 24　大　海

封面人物 NO 25 Andy

ANDY　微商传媒沈阳 CEO，淘宝运营托管操盘手。
微信号：18840004321

09 年开始互联网创业，擅长淘宝 SEO，淘宝竞价，开淘宝店铺挖掘人生第一桶金，直到 15 年微商爆发式增长，成功加入微商传媒沈阳城市 CEO，希望与牛人结伴，快速到达人生新高峰！乐观 内涵 愿分享，想和我一起玩耍的小伙伴，加我微信吧！

封面人物 NO 26 王　茹

王　茹　自媒体出版人，三羌文化创始人之一，出书训练营发起人，微商传媒北京 CEO。
微信号：46550015

出版行业 10 年策划、管理、运营经验，亲自操盘多本畅销图书，《病由心灭》、《终南山主人》、《互联网观点》、《通知》、《思维导图高手》、《战略顶层设计》、《开车是一场修行》等等，并策划上百场线上线下文化沙龙活动、文化游学活动。
同时是《粉刷匠：全民手机赚钱宝典》的图书策划人和出版人，希望这本图书能帮助更多微商创业的朋友们找到方向和方法，少走弯路，结识更多天下真朋友！

封面人物 NO 27 亨利哥

亨利哥　本名：李厚志，天津大学管理学硕士，社群＋微商＋电商实战专家。
微信号：18588631688

洗护专家乐颜莉斯品牌 CEO。负责品牌建设、互联网上推广、销售渠道搭建等全盘工作。善于在移动社交场景中，快速组建销售团队。打造了魔法帽、色彩发膜等多个爆款，组建了超过五十个顶级微商团队。

王　通　通王科技创始人，秦王会发起人之一，三羌文化创始人之一，微商传媒天使投资人。
微信号：tongwangkeji

2000年进入互联网，为企业提供互联网营销和商业模式的咨询服务，顺便做天使投资。热爱传统文化和哲学，擅长把复杂的事情简单化，喜欢与朋友分享。
畅销书《通知》的作者，总结提炼人生经验，教你如何逆向思维追求事业，如何调整自己到最佳生活状态，如何在财富、名利前淡泊前行。

封面人物 NO 28 **王　通**

秦　刚　垂直门户网站实战教练，秦王会创办人之一，微商传媒天使投资人。
微信号：1111884

历任太平洋电脑网总编，太平洋汽车网市场总监，IT 世界网站 CEO，39 健康网联席总裁，全程参与和主导了这些网站从创立到鼎盛的整个过程，被认为是中国成功操盘行业垂直门户最多的人之一，同时成功指导国内多家垂直网站由弱变强，由二三线小网站翻盘成一线垂直网站，畅销书《互联网观点》(1、2)的作者。

封面人物 NO 29 **秦　刚**

联合发起人

罗文健

微信号： luowen1943

94年微信互联网创业者，微商传媒粉刷匠社群成员，浙商众享会商盟发起人。目前团队运营微信服务号：流量众享，致力于为更多手机用户提供最优惠的手机流量/套餐/话费充值服务，服务粉丝突破一万小关。期待结交更多传统企业/新媒体运营的朋友互相切磋！

周 勇

微信号： 2774274819

江苏连云港人，微商传媒粉刷匠联合发起人，周氏经络养生堂创始人 ，善于钻研中医经络，终身致力于推广传统中医经络养生，借助中医十二经络检测仪，以经络检测数据为依据，最后以经络气血阴阳平衡为准则，遵照中医"治病求本"的原则。

传承嵇教授秘方，采用国际上最先进的微生物真菌多糖免疫疗法，遵循"药食同源"原理，针对人体的五脏六腑系统调理，专注调理疑难杂症如不孕不育、白癜风、股骨头坏死、白塞氏、红斑狼疮，慢性疾病如颈肩椎腰腿疼痛、糖尿病、高血压、偏瘫、痛风、各类炎症及囊肿的调理。

天使赞助名单

旺　然

微信号：微信 wr2300991533
旺然你的好朋友，乐于分享，让你生活更美好。

丁云飞

微信号：22758900
网名：阿拉丁 飞云（民以食为天，食以安为先，活在苍穹下，且行且珍惜！）

何　雄

微信号：13867522235
在此感谢！有幸认识放牛哥，成为一名终身粉刷匠！
相信自己，我一定行！

大　海

微信号：200871791
孩子是我们一生的事业！文昌胎毛笔，文昌塔！来至于文昌文化的发祥地！

龙　涛

微信号：22247722
中国软装行业营销策划第一人，软装行业营销策划专家。

高　标

微信号：38185730
高标处世，低调做人。电商品牌资源整合。

小　满

微信号：hu1595816675
一名美业市场导师和努力学习的粉刷匠。很荣幸加入到这么优秀的团体，每一天都有人生收获。

后记

《粉刷匠：全民手机赚钱宝典》，一本微商界的教科书！

《粉刷匠：全民手机赚钱宝典》，这本图书从策划到上市，大约用了9个月时间。因为我也是放牛哥的一枚粉丝，被放牛哥的创业故事和微商传媒的传奇深深吸引，任何一个成功案例的背后都有一套独到思维方式和运作模式，所以我策划了这本图书，希望给更多的创业者以鼓励、启发、方法、行动。

这是一本微商手机创业教科书，书中放牛哥高瞻远瞩地分析手机创业的趋势，同时写了很多创业案例和故事，放牛哥的写作文笔虽然不华丽，但是真实，极富有感染力，这也是放牛哥坚持两年来写了将近800篇日志的沉淀结晶。

书中专门写了微商手机创业实战方法，手把手教你创业，只要你认识字，就能看明白方法，发现做微商比洗碗还简单。为什么？ 因为有流程化的指导，真的是手把手教你手机创业。

不仅有手机创业实战方法，还有心法，策略，让微商手机创业者在扎实的基础上步步升级，升级赚钱能力，升级人脉关系，升级人生格局。 我在策划书稿时，不时赞叹，微商传媒团队是一个实战的团队，是一个充满学习力和战斗力的团队，还有高端智囊团，像自明星教练秦刚老师、网络营销专家兼思想者王通老师。

在《粉刷匠：全民手机赚钱宝典》这本图书策划中，非常感谢微商传媒常务副总裁的林雨，提供丰富书稿素材，协助完成图书中实战方法部分，还有仙桃 CEO 颜超提供书稿素材。同时非常感谢微商传媒总裁放牛嫂——放牛哥的夫人，一个成功男人背后离不开一个默默支持他的女人，而放牛嫂是一位美丽智慧兼才干于一身的女神。

同时也感谢参与《粉刷匠：全民手机赚钱宝典》封面人物、图书联合发起人、天使赞助，希望这本图书给大家一份信心、一份荣耀，同时也是一份责任，做好微商行业，引领微商创业人，开启"好人赚钱"的时代！

希望通过这本图书，真正能帮助一些想创业而迷茫的人，非常喜欢放牛哥写得一句话：**不要在没有梦想的人身上浪费时间，因为你根本就叫不醒他，真正有梦想，寻找出路的人，一点就通。** 特别希望这本图书点通更多真正有梦想、寻找出路的人。

在创业路上不孤单，因为有你，有他，有我，有大家，微商传媒是一个大家庭，有幸我也其中一员，微商传媒北京 CEO 之一。

由于时间仓促，书稿中难免有些不足的地方，还望大家包涵。如果大家针对书稿中有建设性的建议和交流，可以联系我（微信：46550015）。

同时希望更多的伙伴们加入微商传媒这个大家庭，关注放牛哥，关注手机创业，你也可以开始经营自己的一份事业！

王茹

2016 年 9 月 21 日于北京东方银座